图像天津与想象天津

陈艳 著

作家出版社
全国百佳出版社

目 录

001 _ 引言　现代都市文化的“三城记”

001 _ 表演明星与视觉文化

045 _ “新女性”的代表和普通女性的公众化

087 _《北洋画报》与北伐后的“天津”想象

107 _《北洋画报》上的“梅兰芳游美”

118 _《北洋画报》与“津派”通俗小说新类型

137 _ 摄影画报与现代通俗小说的生产

158 _ 报人生涯对刘云若小说创作的影响

180 _ “归哏”：刘云若创作风格的形成

198 _ 余论　“俗”气的天津

引言　现代都市文化的“三城记”

北京与上海构成了现代史上的“双城记”，从1930年代沈从文一手挑起的“京派”与“海派”之争，到赵园的《北京：城与人》和李欧梵的《上海摩登——一种新都市文化在中国，1930—1945》，北京与上海分别作为乡土中国和现代中国的象征，被赋予了特征鲜明而又二元对立的文化意义。之后的上海研究基本延续了李欧梵的主要结论，并不断丰富、深化，取得了丰硕的成果，李今的《海派小说与现代都市文化》和张勇的博士论文《“摩登主义”文化与文学研究（上海，1927—1937）》[①]都是以上海都市文化为对象，讨论中国文学及文化的现代性问题。相对而言，北京研究却比较薄弱，2003年“北京：都市想象与文化记忆”国际学术研讨会召开，两年后出版同名论文集，促进了北京研究的深入。文集中的许多论文已经意识到“京—海”二分法的过于简单化，试图描绘更复杂、丰富的都市现代性景观。林郁沁的《30年代北平的大众文化与媒体炒作》，把讨论现代“新女性”的背景从上海移到北京，试图揭示“将20世纪初期的北京界定为‘传统’的倾向并非全然正确”，而戴沙迪《北京是上海的产品吗?》则进一步指出北京与上海之间也存在密切的互动关系。这些研究成果都启示

① 清华大学2007年博士论文。

我们，细化、深化城市研究的必要和可能。

然而，北京和上海的地位和影响过于庞大，同时又被表述为现代都市文化的“两极”，因而遮蔽了处于两者之间的其他城市，从而有笼统的嫌疑。凌云岚认为，在近现代中国，地区文化发展极度不平衡，“对于北京与上海这样的文化中心城市，其特殊的文化、政治、经济地位都决定了对这两个城市的研究不可能具有普适性。处于相对边缘的地方级省市与这两个城市相比，存在着极大的差距，这种地域文化传统本身及历史发展所衍生出来的差异性，意味着文化与文学存在状态的多样性和复杂性，还有待研究者的进一步发掘”①。施坚雅在《中华帝国晚期的城市》一书中把晚清中国城市划分为“中心都会—地区都会—地区城市—较大城市—地方城市”等不同层级体系，其中每一层级再加以细分，如“中心都会”又分为全国性中心都会和区域性中心都会。尽管“施坚雅模式”根据的是行政和经济条件，忽略了人文因素的深刻影响，而且现代中国城市也有了不同发展，但这种注重地区差异和内部差异的历史研究方法对文化研究还是很有借鉴意义。如果把北京和上海看作20世纪二三十年代最高层级的全国性中心城市，那么天津就是处于第二层的次级区域性中心城市，这种划分的好处在于它比较充分地考虑到中国城市发展的不平衡和内在的差异性，将使现有的城市文化研究更为丰满，有血有肉。同时，在中国的现代化进程中，大体上也有一个从高到低逐渐扩散的过程，对天津这样“第二层级”城市的考察，可以描述出都市现代性不断渗透的历史曲线。而它经过天津本土文化的过滤和变形，带上新的色彩，又体现出现代性经验的复杂面貌，有利于进一步认识华北乃至中国北方城市的现代转型过程，就这一点而言，天津或许比“帝都”北京更具有代表性，正如1930年的沈阳带给游客的观

① 凌云岚：《五四前后湖南的文化氛围与新文学》，北京大学2005年博士论文，第5页。

感："今则沈城已渐变成小天津矣。"①

无论是政治经济，还是社会文化，天津在近现代史上都占有重要地位。1860年，天津被辟为通商口岸，1870年，直隶总督李鸿章兼任北洋通商大臣，并移驻天津，使得天津开风气之先，成为洋务运动的中心，这就是所谓"前台"时期。天津到"后台"时期，即北洋政府时期，仍发挥了相当大的政治作用。在此期间，由于优越的地理位置和通商口岸的便利，天津跃居北方最大的商埠，并成为北方金融中心，"北四行"有三家总部设在天津。不仅如此，天津在社会文化方面也对北方其他城市和地区具有强大的辐射影响，它是与上海南北呼应的摩登都市，充当着北方城市的时尚风向标。另一方面，它又是北方的戏剧重镇（包括戏曲与话剧）和20世纪三四十年代北派通俗文学的中心之一，再加上南开学校和天津《大公报》《益世报》等的全国性影响，《北洋画报》对北方摄影画报的引领作用，使其在近现代城市发展的序列中具有相当突出的重要性和代表性。

天津的重要性还在于它特殊的城市"位置"。可以说它处于"京—沪"之间，这不仅是就地理空间而言，更关键的是它的文化位置。天津被称为"北京门户"，在原本的军事意义之外，也恰切地说明北京文化氛围对它的渗透和影响，以及它与北京文化之间的众多交集。京津"一荣俱荣，一损俱损"的密切关系已无须多言，天津在历史上的"前台""后台"时期，都是相对首都北京而言。1928年首都的南迁，也给天津带来了巨大影响，不仅是政治上的地位下降，更引起了文化关注的转向。就出版于天津的《北洋画报》而言，1928年时局的转变使得天津乃至平津地区的文化现状和前途成为关注的重心，取代了上海流行文化原有的地位。在刘云若的小说中，天津之外，北京也是其主人公活动的主要空间，他们往往在这两个城市之

① 妙观：《出关记 六》，《北洋画报》第9卷第441期，1930年3月4日。

间来回流动——偶尔有其他城市出现，但得不到正面描写——这表明天津与北京之间的交流深入而频繁，而且两个城市具有某些相似的文化背景。

此外，在很多论述中还有一个“上海化”的天津，“天津租界，一天比一天发达，我们试到各处走走，哪一处不在建筑新屋，法租界梨栈一带，热闹得和上海公共租界的南京路差不多”[①]。天津和上海都市风貌的相似还体现在曹禺《日出》城市背景的争议上，以至出现一种折中的说法——《日出》背景是两个城市的糅合。但以上观点均持精英知识分子眼光，对现代城市的物质文明进行了批判。在实际的市民日常生活中，天津的“上海化”却显示了对更洋派的日常消费文化的追随和热衷，它暗含了“通俗的现代性”的新的价值标准。汪晖认为：“现代性也可以分为精英的和通俗的，这种二分法也可以说是现代性的标志之一。……精英们的现代性主要表现为不断创造现代性的伟大叙事，扮演历史中的英雄的角色，而通俗的现代性则和各种‘摩登的’时尚联系在一起，从各个方面渗入日常生活和物质文明。”[②]由于近现代交通运输和大众媒介的发展，上海的摩登文化、流行时尚很容易就传入天津，并成为后者模仿与复制的对象。早在清末，“天津市民的生活方式和情趣爱好与上海市民有许多相似之处，仅从《申报》刊登的客运轮班广告看，便可知津沪之间人员往来的频繁”[③]。到1912年津浦铁路的全线开通以后，两地的交通往来更加方便，1926年10月直隶军务督办兼直隶省长褚玉璞下令禁止女性剪发，并由上而下强制执行，但“上有政策，下有对策”，财政总长李赞侯的两位女公子采取“曲线救国”，去上海把头发剪短成当时最时髦的“巴巴海”（“a new bobbed-hair”）。天津明令禁止，名门闺秀就去上海剪，这首先体现出现代交通的便利，城

---

① 《天津之上海化》，天津《大公报》1926年11月19日。

② 汪晖：《死火重温》，人民文学出版社2000年，第11页。

③ 罗文华：《七十二沽花共水》，南京师范大学出版社2007年，第111页。

市间的交往和互动异常发达，已经深入到日常生活。其次，上海以其更为彻底的商业性质，既是天津女性时尚的来源，也成了她们的避难所。

不过，天津与北京、上海的文化交流并不是单向的，大多数时候它具有中介的作用，无论是“北京发生新闻，天津传递新闻，上海发表新闻”的传播途径，梨园行的老话“北京学艺，天津唱红，上海赚钱”，还是1931年间上海的流行游戏小高尔夫球通过天津而传入北平，都是这一身份的极好证明。这种城市间的互动关系可以为现有的“上海研究”和“北京研究”提供新的视角。更为重要的是，在城市文化的流动中，天津自身的文化氛围保证了它在接受过程中的主动角色，它不仅会反作用于北京、上海——1926年上海世界书局出版《居游必携天津快览》，介绍天津的风俗名胜和衣食住行，天津导游手册在上海出版，至少表明上海市民的文化需求以及天津对他们的魅力。另一方面，它还会以特有的“天津式接受”改变外来文化的原有形态，使之呈现出新的东西。天津与北京“相距不远”，“但官气较少，洋气亦不如上海”[①]，如果换个角度来看待这类折中的说法，可以解读出天津对京、沪的影响并非全盘接受，而是形成了自己的文化个性。比如，相声“北京是出处，天津是聚处”，但津门相声却激活了其“由‘技艺’而‘艺术’、由‘玩笑’而‘婉讽’”[②]新的传统，类似的还有“明星”文化从上海而来，主要指上海电影明星和交际明星，《北洋画报》却别创了“戏剧明星”，以适应京津浓厚的戏剧氛围。这些都构成了都市现代性的丰富性和多样化，它们也表明，在具体的研究中引入京津沪之间复杂的互动关系，将有利于现代城市文化研究的深入和拓展。

“在中国，作为‘想象性社区’的民族之所以成为可能，不光是因为像

① 沈亦云：《天津三年》，《天津文史资料选辑》第41辑，天津人民出版社1987年，第185页。

② 薛宝琨：《马三立：津门相声的魂魄》，《博览群书》2007年9月。

梁启超这样的精英知识分子倡言了新概念和新价值，更重要的还在于大众出版业的影响。”[①]通俗文化刊物几乎伴随了现代中国的城市化及市民化的整个进程。特别是在上海和天津这样的大都市，市民对“现代性”的普遍想象往往是通过通俗文化刊物形成的，这些刊物把精英知识分子的“新概念和新价值”用“通俗”的话语（包括图片和文字）加以解释，甚至使之变形，从而让普通市民易于理解和接受。正是在这一点上，它们成为“通俗的现代性”的代言人。以画报为例，从早期石印的《点石斋画报》，到后来“照相铜版时代”的《良友》画报、《北洋画报》，都宣扬“传播新知”以“启发民智”，与“五四”启蒙话语在表面上看来相当一致，但由于画报尤其是摄影画报是近现代都市的特殊文化产物，作为“软性读物”，有自己的一套传播和接受方式，因而无论是传播范围，还是“新知”内容，都与新文化刊物大不相同，更多地体现的是“通俗的现代性”，与都市日常生活息息相关。

《北洋画报》是天津现代转型过程中的典型产物。摄影画报本身就是现代都市文化的记录者和参与者，在城市研究中极具独特性与重要性，主要在于以大量具有“真实性”及“直观性”的摄影图像对现代都市进行文化想象和表达，鼓励市民大众的“在场”和“参与”，带来一种全新的“观看之道”，并进而影响其他都市文化及文学的生产和消费模式。正如《良友》画报在上海研究中的重要地位，《北洋画报》也是研究1926至1937年间天津都市文化的绝好材料，它不仅体现了天津都市现代性的方方面面，而且自身就是其中独具代表性的大众媒介，具有全面、深入考察和分析的必要。与北京和上海是新文化的中心不同，天津更多的是一种俗文化，但这种“俗”既有传统的市俗，更有现代的“通俗”，在具体的文化现象中往往纠

① ［美］李欧梵：《上海摩登：一种新都市文化在中国，1930—1945》，毛尖译，北京大学出版社1999年，第56页。

缠不清。现代天津在通俗文学史上的重要地位，与这种俗文化的底子密不可分。而现代通俗文学与大众传媒息息相关，像刘云若这样的北派通俗文学大家，就兼有报人和小说家的双重身份。《北洋画报》不仅直接推动了津派通俗社会言情小说的发展、繁荣，而且促成了刘云若独具个性的创作风格的形成。因此，从现代摄影画报和通俗小说这两方面来讨论“俗气”的天津，不失为想象天津的一种重要方法。

表演明星与视觉文化

——1926—1930《北洋画报》封面女郎研究

《北洋画报》及其封面女郎

《北洋画报》于1926年7月7日在天津创刊，1937年7月29日因抗战爆发而终刊，共出版1587期，是民国时期北方持续时间最长、出版期数最多的综合性独立画报，堪称北派摄影画报的代表，与上海《良友》构成现代画报的南北双峰。近现代中国画报历经石印、照相铜版和影写凹版三个时期，《北洋画报》为"铜版时代"之佼佼者①。《北洋画报》的影响主要在北方地区，覆盖京津及河北、河南、山东、内蒙古、东三省的各大城市。1927年年底，《北洋画报》销量为8400份左右②，刘云若主编后继续稳定上

① 参见《五十年来中国画报之三个时期及其批评》，祝均宙、萧斌如编《萨空了文集》，上海科学技术文献出版社2002年。阿英则认为在这三个时期之前，还有镂版印刷时期，主要代表为《小孩月报》(1875)和《瀛寰画报》(1887)，参见《中国画报发展之经过》，《良友》第150期，1940年1月。

② 据《北洋画报第六次悬赏大竞赛揭晓》："此次所收答案一千八百余件，约合读本报者全数七分之一点五，洵称盛事。"《北洋画报》第3卷第144期，1927年12月7日。

升，最高大概万余份。

《北洋画报》创办人冯武越，广东番禺人，出身外交官家庭，曾长期在欧美学习航空和无线电技术，归国后在京津摄影新闻界相当活跃。他于《北洋画报》的发展厥功至伟，参与了经营管理、采写编辑等方方面面，尤其是1928年6月北洋画报社正式成立之前，“本报系冯君武越独立经营，于今二载，内部由冯君一手主持”[①]。1933年年初因家庭变故，冯武越把《北洋画报》售与天津同生照相馆老板谭林北，谭接手后尚能保持其特色。《北洋画报》前后共有五任主编，分别为张謇子、童漪珊、刘云若、吴秋尘和左小蘧。五位主编各有所长，《北洋画报》的定位和风格自然会随之调整，在不同时期呈现不同面貌。

《北洋画报》开始逢周三、周六出版，于1928年10月起改为每周三刊(每周二、四、六出版)。通常八开四版，首页为封面，除了极少数男性及时事封面，其他均为时髦的女明星、女学生或名媛闺秀。二版被设定成“动”的一页，包括时事图文，北方政界及社会上之趣闻轶事。三版为“静”的艺术版面，主要容纳美术作品，戏剧、电影等艺术图文，以及闺秀、儿童照片。第四页则是连载小说和广告。《北洋画报》曾先后开设《戏剧专刊》和《电影专刊》，使其成为三版的固定专页，每周刊行一次。

《北洋画报》以“传播时事、提倡艺术、灌输常识”为口号，兼及“报”的新闻性与“画”的形象性，为研究1926至1937年间天津及北方的社会文化氛围提供了图文并茂的珍贵史料。作为大众文化出版物，《北洋画报》上的“时事”“艺术”“常识”主要着眼于现代市民读者的需要，带有强烈的娱乐和消费色彩。但与《良友》画报相比，《北洋画报》又具备明显的北派特色，比如对传统戏剧和民间曲艺的热情，以及北派武侠和通俗社

① 《本报重要启事》，《北洋画报》第4卷第197期，1928年6月13日。

会言情小说的刊载，都反映了天津独有的文化气象。

“女性化的形象主宰着这个时代的大众艺术品，这些图画传达了关于妇女本性和角色的观念，但它们也象征着社会的价值观。”[①]《北洋画报》也不例外。1929年5月16日，“北洋画报主人”冯武越谈及《北洋画报》新栏目“时人影传”的开办缘起时说：“许多男人说：‘画报太偏重女性了，地盘多给女性占领去了；我们男子，除非做出轰轰烈烈的大事，是不容易得到露脸的机会的。’”“重女轻男”现象确实是1920年代中后期遍及南北的时尚摄影画报的突出特点，尽管《北洋画报》始终把“传播时事”放在办刊口号的第一条，但从第4期开始，各种各样的女明星、闺秀名媛就取代了原先的政客、军阀，占据了绝大多数的封面。封面“宣告了杂志的个性特征、对读者的允诺，同时也宣告了它的目标读者”[②]，它需要以“最精美，最有价值”[③]的图片直接有力地抓住读者，《北洋画报》的封面女郎显然被赋予了这一重要意义，这从它通常把女性照片放在封面上方中部最醒目的位置也可以看出（见图1）。

整个现代中国文化的进程都伴随着对妇女问题的持续关注，《北洋画报》出版的1926至1937年间正是天津作为一个现代都市的成型、繁荣时期，都市女性文化成为受关注的焦点，女性以前所未有的复杂形象呈现在公众面前。但与同时期天津《大公报》副刊《妇女与家庭》相比，摄影铜版画报的新技术使得《北洋画报》能够以高质量的直观的影像记录都市女性及其文化的变迁，这是一种更加丰富和形象化的记录方式。同时，作为现代消费文化的产物和推动者，现代摄影画报“是要将世界改变为百货商店或没有墙的博物馆，每个题材都要在其中贬值为一件消费品，催化为审

---

① ［美］卡罗琳·凯奇：《杂志封面女郎》，曾妮译，天津人民出版社2006年，第63页。

② 同上，第61页。

③ 《编辑者言》，《北洋画报》第1卷第22期，1926年9月18日。

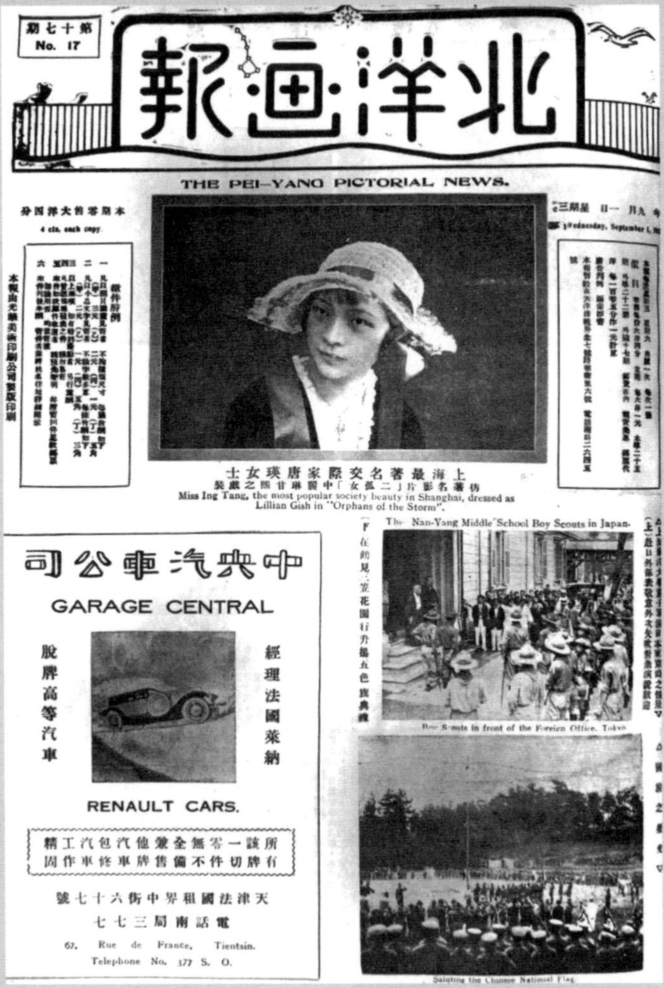

第十七期
No. 17

北洋畫報

THE PEI-YANG PICTORIAL NEWS.

本期零售大洋四分
4 cts. each copy.

星期三 九月一日
Wednesday, September 1,

上海最著名交際家唐瑛女士
仿著名影片「二孤女」中麗琳甘熙之戲裝
Miss Ing Tang, the most popular society beauty in Shanghai, dressed as Lillian Gish in "Orphans of the Storm".

本報由光華美術印刷公司製版印刷

The Nan-Yang Middle School Boy Scouts in Japan.

（上）赴日外部表敬意外次矢吹對衆演說歡迎

Boy Scouts in front of the Foreign Office, Tokyo.

（下）在鶴見二笠花園行升揚五色旗典禮

Saluting the Chinese National Flag.

图1 封面全貌（1926年9月1日，1卷17期）

美欣赏的一个项目”[①]。“百货商店”恰如其分地描述了《北洋画报》女性形象的整体面貌，它意味着这些女性来自各行各业，而且有关女性的话题形形色色，应有尽有。封面就如同“玻璃橱窗”[②]，会根据“时节”而变换重点推销对象，《北洋画报》封面女郎因此深刻体现了天津女性时尚的变迁和妇女在社会生活中“位置”的不断变化。但百货商店也设有“门槛”，它不但挑选商品，而且选择顾客，一定的消费能力是其标准。《北洋画报》看似无所不包的女性形象也有严格的阶层界线，至少封面女郎都是城市中上层女性——这也是它主要的表现对象和目标女性读者，体现的是现代社会的“女性范例”，“这些范例是由大众传媒工业化生产出来并由可定向符号组成的”，是“集体特征的折射”。[③]而变动不居的城市使得女性“向上流动”成为可能，这正是画报封面女郎所具有的都市女性范本的现代意义之一。

《北洋画报》上的女性形象既有延续性又有断裂感，很难真正去厘清这些纷繁复杂的女性图片，给它们的演变找出清晰的线索，小到主编的变换，大到时局的转变，都可能影响到女性形象的呈现。但封面女郎相对单纯的面孔，还是能指出一条大致的发展路径。从大体上说，《北洋画报》的封面女郎有一个从理想形象到平实形象的变化过程，反映到具体的社会特征和个人特征上，就是早期的女郎多风头十足的明星，包括电影明星、交际明星和戏剧明星，随后转向对女学生及女运动员的热衷，内页往往还会以文字或其他图片对这些封面女郎作补充说明，提示她们的社会关系和地位。但1930年代起，越来越多的普通城市女性出现在封面上，她们可能是普通

① ［美］苏珊·桑塔格：《论摄影》，艾红华、毛建雄译，湖南美术出版社1999年，第126页。

② ［法］让·波德里亚：《消费社会》，刘成富、全志钢译，南京大学出版社2008年，第164页。

③ 同上，第91、92页。

的职业或家庭妇女，很多被简单地称为“某某”女士，只有名字而无任何介绍，身份难以辨认。能够证实这种猜测的是她们比较家常的样貌和打扮，与明星、名媛的华丽影像形成鲜明对比。如果说后者提供了一系列梦幻的都市女性形象，制造的是吸引女读者努力向其靠拢的“时尚”，具有超现实的魅力，那么封面的普通女郎可以让读者把自己想象成她们其中的一个——事实上，也的确是她们其中的一个。这些仿效明星穿着打扮的普通女郎，正是“时尚”由上而下的接受者和传播者，使之“流行”开来，成为日常生活的一部分。另外，从舞台到校园，再到家庭或职场，女性在社会生活中的“位置”也在不断变化，它不仅仅对女性读者而言不断拉近了距离，其实也在缩短与男性读者的距离。在《北洋画报》强势的男性话语之下，它们被言说、商榷的方式也大不相同。但需要特别说明的是，1935年之后，新兴的话剧明星和舞星重新大量占领《北洋画报》封面，这是潮流的反复。即使在变化的过程当中，各个阶段也并不明晰，而是不断延续、交叉。女性形象的分类也是相对的，由于时间和空间的转变，重合的现象时有发生。而且不能把《北洋画报》封面的女性形象直接等同于当时女性的真实境况，它对女性的想象和表达背后有多种力量的“博弈”，编辑定位、流行思潮、政治需要都有可能影响它的选择。而《北洋画报》作为天津颇有影响的大众媒介，它也在参与生产“潮流”，并可能具有真实的意识形态力量。

本节将以1920年代（1926—1930年）《北洋画报》最具代表性、最引人注目的封面女郎群体——表演明星作为考察对象，来探讨《北洋画报》封面女郎的特色及其背后的社会历史价值观。“‘明星’概念源自20世纪初美国好莱坞电影工业。1919年演员卓别林（Charlie Chaplin）、范朋克（Douglas Fairbanks）、玛丽碧克馥（Mary Pickford）与导演格罗菲斯（D.W. Griffith）筹组‘联美影片公司’（United Artists），首创以演员为中心的制片制度，建立以媒体宣传将演员包装为明星的电影营销策略。此举一役成功，使得演员们开始更自觉地投入自我营销的机制里，甚至精算自己在每个镜头前的形象，‘明星制度’（star system）雏形初现。其他电影公司进一步结合演员特质与其银幕角色，‘明星制度’在20年代更趋成熟，并在30年代达到第一个巅峰。”[①]“明星制度”由好莱坞传入中国，首先在电影业发达的上海蔚然成风，随后迅速扩散到其他城市，为现代市民观众所接受，成为都市文化产业的重要组成部分。伴随着综合性摄影画报的大量出现，这一文化现象于20年代后期达到第一个高峰。对画报而言，明星梦幻般的魅力不仅能给读者带来强烈的视觉冲击和精神愉悦，从而刺激销量，而且它还能通过明星形象的塑造传达一种社会文化理想，即明星象征着理想的审美趣味及生活方式。《北洋画报》很快发现了这一现代“秘密”，从第5期封面“就聘美国之中国女明星杨爱立女士”开始，走上大量复制明星之路。但《北洋画报》封面表演明星的特殊之处在于，它不仅包括通常的电影明星，而且还独创“戏剧明星”，深刻影响了传统戏曲演员的形象生产和传播方式，并通过四大“女伶皇后”选举，把这股“戏剧明星热”推向了高潮。

一　上海电影明星的“模板”功能

如果说经典时期（1910年代后期至1950年代）的“好莱坞电影不仅在美国，而且在全世界现代化过程中的大都市中都曾被看作现代的终极化身”，向全世界输出“美国梦”，对20世纪二三十年代中国的其他城市而言，还有一个更切实的“上海梦”。事实上，上海通过电影、报刊、书籍等文化输出渠道，已经在构建一个“他者”对于“上海”的现代性想象。米莲姆·汉森论“白话现代主义”（vernacular modernism）时认为：

---

① 周慧玲：《表演中国：女明星、表演文化、视觉政治，1910—1945》，台北麦田出版社2004年，第19页。

到二三十年代，中国文化的现代化方式却超越了文学和精英现代主义的视野。中国文化已经在一系列媒体中以大众的规模对现代化进程做出回应，衍生出一种白话形式的现代主义。这种现代主义白话可能并不总与当时的文学政治话语内阐述的国家文化的理想相一致，却清楚地代表了它自己的一种俗语，一种富区域和文化特殊性的美学。[①]

尽管张英进认为“白话现代主义”的概念比较抽象、模棱两可，进而强调“历史的具体性和意识形态的重要性”[②]，但引入“白话现代主义”的概念来分析民国时期的上海电影，却不失为一种有效方式，这正是汉森论文的中心议题之一：上海无声电影作为一种重要而独特的“现代主义白话”，为当时的国内观众提供了“一个现代化及现代性体验的感知反应场（sensory reflexive horizon）”。然而，现有的研究成果很少触及二三十年代上海电影的文化输出功能，特别是它在其他次级城市的现代化过程中所起的中介作用。而且本文与具体的电影研究不同，采取的是文化社会学立场，以现代电影的核心制度——明星文化为中心，讨论上海电影明星在天津的现代意义，由于社会历史背景的引入，也将较好地解决“历史的具体性和意识形态”的问题。

看电影是1920年代后期天津市民最时髦的娱乐活动之一。“天津是华北主要的影片放映区域，美国各影片公司的影片在上海放映后，便直接运到天津放映，不仅到得快，而且数量大。”[③]因此《北洋画报》早期的封面

① ［美］米莲姆·布拉图·汉森：《堕落女性，冉升明星，新的视野：试论作为白话现代主义的上海无声电影》，包卫红译，《当代电影》2004年第1期。

② 张英进：《阅读早期电影理论：集体感官机制与白话现代主义》，《当代电影》2005年第1期。

③ 周利成、周雅男编著《天津老戏园》，天津人民出版社2005年，第150页。

明星几乎都是上海电影明星，以及在上海流行的好莱坞明星。这也与天津读者阅读画报的习惯有关，“天津社会上爱读画报的，都买上海的画报，所以在北洋没有出世之前，天津的报摊上，充满了上海各种的画报”[①]。当时在市民中流行的上海画报，不外乎1925年出版的《上海画报》《三日画报》等小报型画报，1926年2月大型综合性画报《良友》创刊，很快流入天津，并大受欢迎。1926至1928年短短两年间，《良友》在天津的代售处由一家增至天津书局、世界书局、启新书局、美丽书店、博古书局等五家，而且是北方唯一有代售点的城市。这些画报都喜欢以明星照片做封面，尤其是与《北洋画报》性质接近的《良友》，第一期封面即为影星胡蝶。这种潮流不能不影响到《北洋画报》，尽管它一开始以“时事、艺术、科学”为口号，体现出相当浓厚的精英色彩，前三期分别以“张（作霖）吴（佩孚）两上将军在京会面纪念摄影”“北京张吴会面中之吴佩孚上将军与张学良军团长”“法国大总统杜梅格氏肖像”为封面，内页也很少电影、跳舞等流行娱乐内容和时髦女性话题及照片，而以时事政治为主，显示了冯武越自觉区别于上海流行画报的办报理念。但是，第4期封面暗示了《北洋画报》的转向，它不再是政治“时人”（相对于“时事”而言），而是一幅艺术摄影作品“窗中人影”（见图2）。这张照片是一个女性的侧面轮廓，四周饰以窗户式样的美术黑框，以切合题目。由于照片采用逆光拍摄，图中的女性只是一个剪影，“她”绾着发髻，轮廓模糊，似乎低头在向窗外眺望，更像是一位传统闺中女子，而且也没有姓名。

到第5期，上海电影明星杨爱立成为封面女郎（见图3），正式开启了《北洋画报》的新面貌。“窗中人影”只是向外面的世界张望，正如它的英文标题“Shadow”，给观者留下一个暧昧不清的影子，而杨爱立作为时代

① 镠子：《北洋画报一周纪念》，《北洋画报》第3卷第101期，1927年7月6日。

"Shadow." 攝影名作一《窗中人影》

图2　窗中人影（1926年7月17日，1卷4期）

▲撑船▼

▲進香▼

就聘美國之中國女明星楊愛立女士

Miss Olive Young, a popular Chinese motion picture star selected by Mack Sennett Production for an international film of Oriental beauties. (Supplied by A. L. Varges, International Newsreel.)

图3　上海电影明星杨爱立（1926年7月21日，1卷5期）

"新女性"，大大方方地处于广阔的户外空间。封面以"进香""撑船"两张照片并列，前者为近景，女士穿着时兴的宽袖旗袍，背靠香炉，右手叉腰，坦然直视镜头，后一张是中景，她站在船头，手握长篙作撑船姿势，完全西式打扮，束腰上衣，绑腿，穿尖头皮鞋，装扮古怪而大胆。其实图片中作为背景的寺庙香炉和流水河船都是中国的传统景观，它们与杨爱立极具现代气息的"新女性"形象相互矛盾，看起来并不和谐，正如内页中所说："女士很时髦，喜欢跳舞，开汽车，吸烟卷，作种种的游戏，完全是一个新式的中国女子。"[①]这种视觉冲突能给读者带来更强烈的冲击，而且也是一种微妙的象征，暗示了1920年代中期的现代女性与社会环境的不协调，至少在这一时期的天津是如此。随着都市文化的发展和成熟，封面女郎的户外背景超出了传统意象，现代城市景观逐渐进入《北洋画报》封面。作为《北洋画报》第一位真正意义上的封面女郎，杨爱立的身份不但在封面上得到中英文对照的简单说明，而且编者还在内页作了进一步介绍，这种形式为后来的封面所继承。《北洋画报》为迎合市场和读者所作的迅速调整还不止于此，第5期的内页内容也发生了重要变化，《孟小冬为造谣家的目的物》《美国十大电影明星之薪俸》等娱乐信息占据了大量版面，时事新闻相应减少。自此，《北洋画报》完成了它的第一步调整，确立了"趣味"与"品味"、"时尚"与"时事"并重的新定位。

《北洋画报》封面的上海明星不仅表明早期《北洋画报》对上海同类流行画报的借鉴，也体现了"上海摩登"在天津市民社会的强大号召力，上海电影明星的发型服饰为天津的时髦女子提供了最直接的"范本"。不但有《北洋画报》大力提倡，1927年2月创刊的天津《大公报》副刊《妇女与家庭》曾开辟不定期栏目"海上新装"，以上海摩登女郎为模特，专门介绍上

---

① 记者：《中国女明星"出嫁"外洋》，《北洋画报》第1卷第5期，1926年7月21日。

海时装。当时女性时尚在北方的流行路线是这样的：由上海传入天津，再被北方其他城市争相效仿。刘云若在《北洋画报》连载的反映北方都市生活的长篇章回体小说《换巢鸾凤》中，北平姑娘冯慧准备婚礼时，专程到天津去置办衣饰和化妆品。事实上，轮船、火车等现代交通工具的进一步发展，报刊媒体的发达以及电影业的兴旺都为现代城市间的文化流动提供了必要条件，而天津为水陆通衢，连接华东、华北和东北，具备天然的地理优势。

在《北洋画报》展现的女性时尚中，剪发问题因为蕴含丰富的文化和政治内涵，一开始就受到高度关注。上海电影明星在此扮演了重要角色，她们不仅是时尚样板的输出者，同时也被《北洋画报》巧妙“借用”，以介入天津“禁剪风波”这样的本地热点话题。1926年第11期的封面女郎杨耐梅，当时被称为“上海第一女明星”，在京津地区非常受欢迎。她是《北洋画报》封面上第一位短发上海明星，照片中的杨耐梅以真人展示了冯武越在前几期所绘插图中的新式女子短发，即俗称的“巴巴海”（“A new bobbed hair”），这是1920年代中后期最时髦的短发造型，在当时的剪发潮流中被上海摩登女子广泛接受，后面几位上海封面女郎唐瑛、郁四小姐都留着类似短发。这一风尚很快得到天津摩登女性的响应，“交际明星苏佩秋，陈文娣女士，女性张四先生等，一律不约而同，将发剪去”①，随后其他天津时髦女郎也纷纷效仿，使短发风潮越出女学生发型的狭窄范围，逐渐在社会上流行开来。其实，出于“妇女解放”的观念，早在1924年之前，直隶省议会就曾通过强迫女子剪发的决议。1924年，有议员再次提交实行剪发议案，催请当局严厉执行，但都收效甚微。而《北洋画报》提倡短发的社会效应虽然是城市发展的必然结果，但它显示了“时尚”在女性

① 《社会小消息》，《北洋画报》第1卷第18期，1926年9月4日。

日常生活层面的巨大能量，而且当它与政治行为发生冲突时，会以“润物细无声”的方式消解政治命令的严肃性和合理性，使之显得荒诞而不合时宜。

1926年10月，《北洋画报》对短发的提倡遭遇政治“禁令”，这一典型事件的前因后果充分体现出北伐时期天津特殊的社会政治氛围。10月1日，时任直隶督办的奉系军阀褚玉璞颁布禁令：“凡属妇女，一律不准剪发。……已剪者仍需蓄养，未剪者毋再效尤。”[①]并于11月底发布“处罚剪发办法”。由于1926年7月9日广州革命政府正式北伐，北方局势日益紧张。北伐开始后，军事进展十分迅速，10月，北伐军在打败吴佩孚之后又向长江下游的孙传芳进攻，引起北方当局的极大震惊和恐慌。《大公报》下半年的天津本埠新闻充斥着“防赤”“戒严”的字眼，当时的惶恐动荡可见一斑。国共地下党员及激进工人、学生在京津地区的宣传活动令北洋政府头痛不已，“剪发禁令”在此时颁布，或许正如《北洋画报》所说：“据接近官方者云：直隶禁止女子剪发，系因查知党军侦探，利用短发，男扮女装，女扮男装，混迹人丛中，以肆行其宣传或侦探手段，扑朔迷离，令人无从琢磨之故。”[②]然而，更为关键的是，剪发在京津沪等大都市作为女性时尚流行的同时，也是北伐进程中“妇女解放”运动的先锋形式，被强制推广和执行。“剪发运动”随着北伐向内地推进，尤其是湖南、湖北，成为妇运蓬勃开展的中心地区，当时的革命女性都剪短发，同时它成为妇协工作的重心，许多普通妇女在大街上被迫剪发。继成为“时髦”的代名词之后，剪发被附加上“革命”“赤化”的符号属性。褚玉璞的“剪发禁令”正是政治意识形态激烈对抗的产物。禁令在天津颁布，而非作为政治权力中心的北京，也考虑到天津是通商大埠，剪发更为流行，同时具有“旁敲侧

① 《令禁女子剪发》，天津《大公报》1926年10月1日。
② T.T.F:《剪发问题》，《北洋画报》第1卷第45期，1926年12月11日。

击”的政治威慑。

虽然冯武越与张学良关系密切，但《北洋画报》在剪发事件中采取的却是与之相反的文化立场，并且充分体现出综合性摄影画报切入这类兼具政治与文化意义的敏感话题的独特视角和方式。其中上海电影明星是天津的女子剪发问题真正得以完成现代性转变的重要中介，换句话说，《北洋画报》借助上海短发明星的动人形象，打破了政治对抗的僵硬格局，让剪发问题重新回到大众文化上来，通过众多报刊媒体的“合力”，使其在天津取得不可逆转的历史合法地位。

褚玉璞的“剪发禁令”颁布之后，在天津舆论界和市民中引发了热烈讨论。像天津这样的现代都市，女子剪发进入公众视野已有一段时间，许多市民习以为常，因此对禁令有些不以为然。但与《大公报》相关讨论偏重实用角度，多从时间和金钱的经济、节约为剪发争取合理地位不同，《北洋画报》正视剪发的“时尚”价值，从女性日常审美出发，认为剪发作为“增进女性美观”的方法之一，是现代女性的正当追求。而且，禁令颁布不久，《北洋画报》就以封面女郎曲折传达了这一观点。10月13日上海女星黎明晖的短发造型成为第28期封面（见图4），这是一张头部特写，眼睛及五官被格外突出，由于采用了适当的硬光，头发的质感得到很好的表现，尤其是额前厚厚的刘海儿，衬托出眼睛的传神和五官的轮廓分明。短发在这里具有重要意义，它不但与黎明晖的脸形、气质相得益彰，符合大众审美眼光，而且黎明晖的短发形象早就深入人心，被观众亲切地称为“小妹妹”，据说杨耐梅剪发也是受黎明晖影响。这一封面女郎的选择显示出《北洋画报》在政治高压下的相应对策，以最富代表性的短发女星为封面来暗示自己的立场和价值取向，本身就表明一种鲜明而独特的文化姿态。不仅如此，随着“剪发禁令”的日益松绑，《北洋画报》还在内页不断发布上海和好莱坞明星的短发照片，正面表达短发的时尚和“美”。蓬勃发展的上海电影制造了中国的“现代”范本，而“明星”更是这一“现代”图景的形

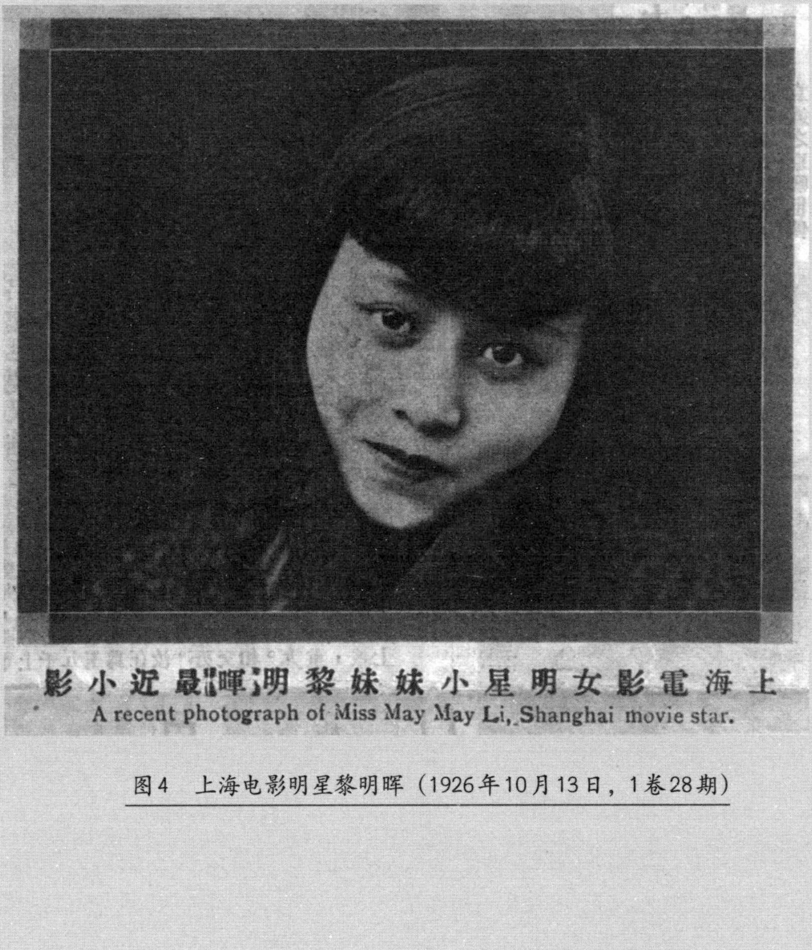

图4　上海电影明星黎明晖（1926年10月13日，1卷28期）

象代言人，在某种意义上，她们和“现代”画上了等号，尤其对于外地城市而言，它不仅是西化的，也是上海化的。这些明星形象因而对天津市民社会具有直接的感召力，《北洋画报》对她们的主动借用，使剪发与日常生活现代性再次紧密挂钩，在针对剪发的讨论中，这无疑是解决问题最为有效的方式之一。并且，与干巴巴的政府禁令相比，这些用心修饰拍摄出来的图片对读者而言更具有形象性和说服力。

因此即便是政策的严厉时期，天津女明星和名媛闺秀的剪发热潮仍在继续，而《北洋画报》传递了一个重要消息——“李赞侯总长之大女公子近在沪将发剪去”[①]，“前财长李氏之两女公子，均已剪成‘巴巴海’之发，不但大女公子而已”[②]。天津明令禁止，名门闺秀就去上海剪，从中可以解读出多重意思。首先是剪发潮流的不可抗拒，其次，由于现代交通的便利，天津与上海之间的日常交往和互动异常发达。此外，上海以其更为彻底的商业性质，既是天津女性时尚的来源，也成了她们的避难所。它进一步消解了“剪发禁令”的严肃性，表明其毫无意义和不合时宜。因此，在《北洋画报》和《大公报》等媒体舆论的各种质疑中，褚玉璞的禁令并没有得到长期有效的贯彻执行，不久就形同虚设，媒体讨论也渐渐冷淡下来。1927年6月11日，褚玉璞再次禁止剪发，《北洋画报》只在“小消息”栏目中一笔带过，《大公报》也不再讨论。

作为北方最开化的商埠，天津的“上海梦”其实相当复杂。对爱赶时髦的天津市民而言，上海无疑是一个极好的模仿对象和追逐目标，以至有“上海化的天津”的说法。另一方面，上海式商业潮流的席卷确实令许多天津市民感到担忧，甚至对此加以排斥，所谓“天津之上海化”也是这一忧虑的表现——“天津租界，一天比一天发达，我们试到各处租界走走，哪

---

① 《整句小消息》，《北洋画报》第1卷第37期，1926年11月13日。
② 《沪滨噪声》，《北洋画报》第1卷第39期，1926年11月19日。

一处不在建筑新屋，法租界梨栈一带，热闹得和上海公共租界的南京路差不多”，“自今以往，租界越繁盛，法律上道德上的犯罪越加多。这事只要拿上海作比例，可以断言的”。[①]抛开其中对物质文明的普遍性批判，它其实隐含着长期以来存在的南北对立观念，以及对本土文化乃至北方文化的现代性焦虑。因此，冯武越很早就意识到电影对现代都市文化建构及输出的重要意义，《北洋画报》在推介上海明星的同时，也十分关注华北电影业的发展，1927年上半年曾三次以京津女演员为封面，并推荐天津《电影》杂志，介绍本地明星。但由于种种原因，华北电影业未能振作，“1925年前后，天津人也曾创办了天津、北方、新月、渤海四家影片公司，但因经营不善，不久相继停业”[②]，两年后，天津平安、北京平安、光明三影院，与罗明佑的天津皇宫、北京真光、中央合作营业，定名为华北电影公司，声势看似浩大，但实际上只是个空架子，最终以失败告终。没有成功的电影产业作后盾，《北洋画报》的本土努力注定收效甚微，华北明星也始终不成气候。上海电影明星在早期《北洋画报》封面上出尽风头，也是这一历史客观原因的结果。

不过，1928年6月之前这种文化焦虑至少在《北洋画报》上仍然是隐性的，相反“上海梦”倒是显而易见。究其原因，毕竟当时的政治文化中心还在北方，京津地区占有关键性的优越感，而天津作为“北京门户”，不但在经济建设上直接受益，而且对北京政局具有举足轻重的影响，“天津这地方，平常有退任的总统，有让位的皇帝，有过过官瘾的大小官，每逢时局的紧要的当儿，奉天那位老将军一入关，于是所有的头儿脑儿，都聚到天津来了”[③]。但一旦北伐成功，首都南迁，整个国家的发展重心迅速转移

① 《天津之上海化》，天津《大公报》1926年11月19日。
② 周利成、周雅男编著《天津老戏园》，天津人民出版社2005年，第150页。
③ 心冷：《天津是个好阔地方》，天津《大公报》1926年11月15日。

到南方，平津地位一落千丈，其优越性也完全丧失，“上海梦”由显而隐，而文化焦虑引发的本土文化转向却分外引人注目。

二　传统女伶的明星化

在1928年北伐完成之前，《北洋画报》封面女郎大部分由上海女明星包揽，而她们背后的“上海”作为突出的参照对象，在《北洋画报》对天津日常生活的想象与表达中几乎无处不在。但北伐的完成改变了这一状态，时局的转变使得作为“特别市”的新天津的现状和前途受到空前关注，而相应地，“平津”构成了这一时期《北洋画报》最重要的表述对象。这在封面上率先得到体现，其封面女郎的城市背景由上海转向平津，来自平津地区的摩登女性逐渐取代了上海明星，占绝对优势地位。粗略统计第5卷（1927年7月6日第101期—11月28日第150期）与第8卷（1929年7月29日第351期—11月21日第400期）的封面人物，如表格所示：

	平津戏剧明星（女票友）	平津电影明星	平津名媛闺秀（女学生）	上海电影明星	美国电影明星	其他
第5卷	4		9	22	4	11
第8卷	12	5	18	1	4	10

注：“其他”包括封面上的男性形象和结婚照，以及其他地区的封面女郎。另外，为论述的方便，用“平津”统称北伐完成前后的两地。

1927年下半年50期中，上海电影明星封面接近总数的一半，而到了1929年同一时段，平津地区的明星、闺秀达到封面总数的70%。其中，增幅最大的是包括个别女票友在内的平津戏剧明星，而且这个封面群体还在不断增加，到第9卷，其封面数量上升至16个，是这一时期最具代表性的封面女郎。

“戏剧明星”名号的创造，本身就体现出《北洋画报》作为北方畅销的时尚画报，已经超出对上海画报及流行文化的复制和借用，开始关注并制造本土时尚，进而具备独立文化品格——这也是它成为区别于《良友》画报[①]而与之南北呼应的北方巨擘的根本原因。1929年5月底，《北洋画报》编辑在对名坤伶杨菊芬、杨菊秋姐妹的合影封面（见图5）作说明时，首次提出“戏剧明星”的说法：“明星二字，来自欧语，其初不仅限于交际场与电影界，戏剧界固先电影界而得此荣称；故吾人亦创戏剧明星之名，谅读者不以我为多事也。”[②]编者以西方的明星分类为“戏剧明星”提供合法性，但是用它来给中国传统戏曲演员命名，并不包括从西方传入的新兴话剧。从“名伶”“名旦”到“戏剧明星”，名称的变化包含着重要的现代性转变。用“戏剧”取代五四之后通用的“旧剧”，后者包含强烈的感情色彩和价值判断，而前者是中性词语，更为客观、中立。而“明星”更是一种现代产物，两者结合表明《北洋画报》对传统戏曲的更新，使之进一步纳入城市现代化进程。这也是《北洋画报》及天津于历史遽变时期寻求建立新的自我形象的尝试，“戏剧明星”象征着本土文化与现代性的结合。

其实，戏剧演员的“明星化”早已兴起，“民国初年，文人利用公共舆论在报纸上公开捧旦，可以说是‘雅文化’进入大众文化的开始”，并促成了以旦角为首的明星文化，而报纸等印刷媒介在此过程中担当了极为重要的角色。1927年、1928年间“四大名旦”（梅兰芳、程砚秋、尚小云、荀慧生）的评选标志着这一发展的高峰。[③]但是，当时仍沿用“名伶”“名旦”

① 《良友》封面，没有传统戏曲女演员。

② 封面说明，《北洋画报》第7卷第321期，1929年5月21日。

③ 参见叶凯蒂《从护花人到知音——清末民初北京文人的文化活动与旦角的明星化》，陈平原、王德威编《北京：都市想象与文化记忆》，北京大学出版社2005年，第121—124页。

图5　名坤伶杨菊秋（左）杨菊芬（右）合影（1929年5月21日，7卷321期）

等传统称呼。由于摄影技术的限制，早期名旦们的视觉形象并不突出，视觉消费也不占主流，仍以传统观众为主，即便是20年代后期的“四大名旦”评选，也主要依靠专业剧评和捧角文字，照片很少。此外，尽管民国初年女伶曾繁盛一时，但由于社会环境的恶劣和梨园规矩的森严，女伶的艺术地位和社会地位并没有得到根本性改善，旦角明星主要局限于男旦。而平津地区摄影画报的大量出现，推动了这一明星化过程的进展，把可视化的明星形象推至高峰，尤其是《北洋画报》这样在戏剧方面具有较大覆盖面和影响力的综合性画报，自20年代后期起成为戏剧明星的重要宣传阵地，更深刻参与到这个影响戏剧生产和传播的过程中来。女伶“中兴时代”的到来，也与铜版画报的兴盛大有关系，女性形象成为新兴视觉文化的核心部分，而女伶无疑更能满足读者/观众的视觉审美需求。就《北洋画报》而言，“戏剧明星”开始特指女伶，它极大地提高了女伶的艺术地位和社会地位。因此，这一提法既是总结，也标志着继往开来。

《北洋画报》这一时期对戏剧明星的高度关注，乃至在封面上大做文章，有其深刻的历史及文化背景。正如上文所言，时局的变化为本土文化转向提供了最直接的触动。“自迁都而后，天津已失其过去重要之地位，外省侨居此地者，纷纷他去，人口已形减少，观于各处招租房屋招贴之多，可以想见”①，而且经济、教育、政务随之迅速滑落，与此相反，南方的宁沪却在新政府人力财力的大力支持下快速发展，“直有幽明异地死活殊途之感”②，这些都造成了平津地区普遍的落寞和焦虑。如何适应新形势、建构新的城市形象及发展方向，成为当务之急。《北洋画报》深刻意识到这一历史转折带来的新课题，自此关于天津的影像和讨论层出不穷。鉴于“一荣

---

① 记者：《天津电影业之危机》，《北洋画报》第7卷第319期，1929年5月16日。

② 《南北气象不同》，天津《大公报》1928年12月11日。

俱荣，一损俱损”的亲密关系，《北洋画报》对北平的关注也大大超过上海。而戏剧正是平津极富代表性的本土文化，北平是京剧的发祥地，天津也是北方的戏剧重镇，具有浓厚的戏剧氛围。当时梨园行有句老话“在北京学艺，在天津唱红”，作为戏剧明星的演出胜地，1927年春和大戏院的建成开创了天津剧场的现代化，无数名角在此登台演出，同时堂会戏和义务戏也在二三十年代达到鼎盛时期。鉴于戏剧在天津社会的雅俗共赏，1928年2月29日，冯武越邀请著名剧评家沙大风在《北洋画报》开办《戏剧专刊》，从而使戏剧的推介、研究有了集中的园地，中途曾短暂休刊（1932年3月至8月），又因读者的强烈要求而复刊，并持续到《北洋画报》终刊，可从侧面说明戏剧文化在天津的良好环境和深厚底蕴。

《北洋画报》封面对戏剧女明星的青睐，也与坤伶界的兴盛直接相关。在民国初年以刘喜奎、鲜灵芝、金月梅等进京女伶为代表的第一个鼎盛时期过去之后，坤伶界长期陷入低潮，直到1920年代中后期才重新崛起，并且人才济济，出现了雪艳琴、章遏云、新艳秋、胡碧兰“四大皇后”和孟小冬这样大红大紫的女老生，迎来了其“中兴时代”，再度繁盛一时。而且这一代女伶与前辈相比，在社会认可和职业地位方面都更进一步，1930年元旦北平戏剧界正式允许男女同台合演，这对承认女伶的平等地位具有重要意义。有意思的是，第一批在北京站稳脚跟并走红的女伶几乎均为天津梆子演员，可以说女伶是由天津传入北京的。这也表明天津与坤伶界的密切联系，以及《北洋画报》对女伶的特殊关注“事出有因”。相反，1920年代末的上海电影界却很不景气，著名影星张织云、宣景琳等纷纷嫁人息影，1930年由杨耐梅作俑，许多女演员到外地转向歌舞甚至戏法表演，真正的电影明星所剩无几。因此，对本地文化的关注与对“明星”的消费需求使得“戏剧明星”顺势而生，可谓占尽天时、地利、人和。

这些新兴的封面女郎对读者 / 观众而言，意味着一种新的“观看之道”，它使得传统的“听戏”变为“看戏”，包含了新的评价标准。对于摄影而言，视觉优先于其他一切官能。当摄影画报以其“物美价廉”的图片开始充当“明星”制造者和推广者，视觉的重要性被极大地突出，明星们在服饰装扮上的争奇斗艳正是服从于这一需要。戏剧封面女郎既然成为明星产业的一部分，自然要承担起明星在女性时尚方面的引领作用，这是她们在“明星化”过程中最直接也最突出的表现。1928年秋冬，名坤伶马艳云和章遏云先后剪短头发，并摄影留念，在《北洋画报》发表，这一举动引发了坤伶界迟来的剪发潮流，孟小冬、雪艳琴、杨菊秋、新艳秋等名伶也纷纷剪发，构成《北洋画报》新一批短发封面女郎。与电影明星、交际名媛剪发相比，这更具有“革命”意义。在平津地区，戏剧女演员作为一种传统职业，羁绊更深，伶界规矩繁多，壁垒森严，有自己的一套“游戏规则”。女伶不但在舞台上扮演传统女性角色，私底下也比较保守，从第一代进京女伶不多的照片中可以看出，她们通过现代摄影技术，留下的仍是传统女性形象，与舞台角色接近。但章遏云等新生代女伶剪发之后，已经与舞台形象逐渐脱离，自我形象更加突出。封面的戏剧明星们完成了“头发革命”之后，在旗袍的长短、皮鞋的款式、饰品的式样等方面也充分显示了她们作为“明星”对时尚的敏锐和自觉，甚至连面对照相机的姿势都是标准“明星化”的。

但在种种明星的标准模式下，戏剧明星仍然展现出不同于电影明星的独特魅力。与电影明星开放、张扬的惊艳形象相比，戏剧明星的气质比较婉约、低调，可以说是更家常的“明星”，而且她们的封面形象具有相应的行业特色，并引发了新的时尚潮流。以“戏剧明星”新鲜出炉的第321期封面为例，图片是杨菊芬和杨菊秋的半身像，其中旦角杨菊秋剪着齐耳短发，穿几何花纹旗袍，而以出演须生为主的杨菊芬则穿戴男式长袍和帽子，俨然男装打扮。这与杨氏姐妹各自的专长有关，在男女同台合演之前，戏班往往培养坤伶姐妹，以分演不同行当，马艳云、马艳秋、马艳芬三姐妹也是如此。这幅照片还展示出戏剧封面女郎的两类主要形象——时装照和男装照。前者以章遏云为代表，其落落大方的闺秀气质给时装封面带来了优美的时尚气息，1929年春节章遏云出演津门，并拍摄纪念照，刊发在《北洋画报》封面（见图6）。这张全身像利用光线的深浅形成了巧妙的色差，章遏云的深色中袖旗袍和黑色鞋袜衬出了手臂和脸部的柔白，而背后的灰色布景使得色彩层次柔和而不突兀，与通常的长方形不同，编者还特别为照片加上了椭圆形的装饰框，更增添了视觉效果的柔美，突显了章遏云的个人气质。男装封面女郎则以孟小冬最为出色，1928年年初，孟小冬的西装照片就曾两次登上《北洋画报》封面，有意思的是，1月21日的《北洋画报》名为“妇女装束专号”，内页刊载的都是摩登女性时装和发型，却以孟小冬时髦俊美的男装扮相为封面（见图7），不知是否暗示了一种新的女性时尚——事实上，1930年代初上海时尚刊物上的确流行起“女扮男装”。但无可否认，男装封面丰富了戏剧明星的时尚元素，尽管孟小冬在戏台上扮老生，但她在封面上穿戴着时兴的西装领带，而且新款眼镜、巴拿马便帽强化了这种摩登形象，这实际上是一位别具一格，兼具俊朗和优美的摩登女郎。

在时装和男装之外，戏剧封面女郎还有一类戏装也很重要。这种室内的摆拍造型其实与舞台上的自然表演并不一样，照片中的人物由于明确知道面对的是照相机而非观众，其表情和姿势都会泄露这一点。而且所谓“戏装像”并不是完整的舞台装扮，可以说是“像戏装”。1928年年底第239期以章遏云的戏装为封面（见图8），尽管她在服装、发饰上都符合舞台要求，但脸上仍是日常的流行妆饰，并未化复杂夸张的舞台妆。这说明画报的读者与戏院的观众不同，即便是戏装像，他们消费的也不是戏剧中的人物，而是作为女明星的个人形象，戏装不过表明她们的特殊身份而已。但随着戏剧明星的风行，这种生活化的戏装像为都市女性提供了新的模仿对象，拍摄戏装照片成为当时天津各大照相馆极受欢迎的项目，不仅影响于平津名媛闺秀，甚至还包括大名鼎鼎的杨耐梅。1928

图6　名坤伶章遏云时装照（1929年2月5日，6卷278期）

◀名坤伶孟小冬飾西裝男子之攝影▶

Meng Shiao-Tung, a well-known acttess photographed as a gentleman with foreign dress.

图7　名坤伶孟小冬男装摄影（1928年1月21日，4卷157期）

图8　名坤伶章遏云之戏装（1928年11月3日，5卷239期）

年11月底杨耐梅带着新电影《奇女子》来津上映，她和名坤伶马艳云、马艳秋以及名票友刘叔度在天津瑞星照相馆拍摄了许多戏装照片，着实过足了瘾。“戏剧明星”本由“电影明星”而来，接受了后者多方面的影响，但杨耐梅唱戏以及她的戏装照表明，至少在平津地区，这种影响已经开始颠倒。

对章遏云这一代女伶而言，摄影技术的发达和铜版画报在各大城市的流行已经对她们提出了更高的要求，观众不但要“听”，还要“看”，甚至眼睛比耳朵快，“看”得高兴才会掏钱买票去“听”，“眼球”对票房的贡献越来越大，戏剧明星必然成为天津这样的现代都市独特的商业景观。民国初年刘喜奎在北京唱戏时，给自己定下“不照戏装像，也不照便装像”[①]的规矩，以免被商业利用。但是，这种规矩成为可能，也是因为当时通过传统的演出途径，有实力的女演员照样能成名，拍照宣传被视为“旁门左道”，并非正道。即便如此，刘喜奎仍有照片留下来，可见商业宣传在所难免。到了1920年代后期，媒体宣传已成为戏剧市场不可或缺的重要环节，而照片因具有直观效果和形象魅力，成为广告宣传的主要手段。因此，女伶每每来津演出之时，都会提前到照相馆拍摄大量时装照和戏装照，分赠各大报刊用作广告和宣传，《北洋画报》不但以刊登摄影图片为主，而且其纸张和制版、印刷技术比普通报纸高出许多，无疑是她们最佳的选择。《北洋画报》对戏剧明星的热衷，其实是以天津女伶演出市场的繁荣为前提，《北洋画报》在此充当了一个重要的中介角色，它把对戏剧明星的消费行为从画报上引向了戏院中。因此，在传统对样貌、身段的基本要求之外，装扮入时、上镜，并且善于利用画报等大众媒介，成为这些新生代女伶成名走红的必要条件之一。1929年年初鼓曲艺人小黑姑娘来津献艺，刘云若虽

① 胡沙：《刘喜奎传》，《戏曲艺术》1980年第4期。

对她的技艺不如其母稍感遗憾，但更赞赏她“飞扬荡逸，却已斐然成章，远胜母之徒以艺鸣焉。鼓曲一途，向少名人提携，故此界中人，类多不趋时尚，墨守旧章；小黑姑娘独挟沪风北来，截发短衣，作女影星装束，观者顿觉耳目俱新”①。从中可以看出，小黑姑娘的明星打扮显然为她加分不少，甚至因此成为《北洋画报》戏剧封面女郎中唯一一位杂耍演员。刘云若的看法相当具有普遍性，对明星形象的视觉消费已经扩大了普通观众的胃口，他们不再满足于单纯的艺术表演，转而要求“色艺双全”“耳目俱新”，而京剧、昆曲等在天津名流圈子中地位较高的大剧种女演员率先成为《北洋画报》的封面明星。

这些外形时尚美丽、一举一动都备受瞩目的封面戏剧明星对当时的一般女性具有强烈的吸引力，它是《北洋画报》造出的“明星梦”的重要一环。戏剧明星可以说是平津特殊的职业女性，在《北洋画报》和其他大众媒体上，她们拥有美貌、财富和声誉，是“大众偶像”，受到社会各界的热烈追捧，其中包括上层社会和文化名流，这很能满足一般城市女性的理想和虚荣心。何况这些人里像章遏云一样的大家闺秀毕竟少之又少，绝大多数女演员都出身平凡甚至卑微，进身伶界也无须现代教育背景或学历，她们无疑为社会上广大范围内的普通女性提供了通过个人奋斗而改变命运的成功案例。《北洋画报》塑造这些明星形象时，会在文字中提到她们的刻苦上进，以及为机遇所作的充分准备，图片表达的却是她们成功之后的绚丽形象。这一方面给读者一种提示：只要你肯努力，你也可以像她们一样。另一方面，图片往往造成先入为主的印象，以及更深刻的视觉冲击和记忆。这些成功“变身”、优美动人的封面女郎召唤着希望“向上流动”的城市普通女性，图片的大量复制和传播使得她们看起来伸手可及，视觉印象会转

---

① 云若：《一朵能歌黑牡丹》，《北洋画报》第6卷第268期，1929年1月12日。

化为心理活动，其背后的“来之不易”被有意无意忽略，一切变得似乎轻松简单。其实真正称得上“戏剧明星”并在《北洋画报》上经常露脸的女伶并没有几位，当时坤伶界如此兴旺，成功的也只是其中极少数，大多数人都地位低下，困于日常生计，在《北洋画报》等报刊上既没有形象，也没有名字，被湮没在历史中。正如小说《换巢鸾凤》谈及雪艳琴和孟小冬时所说：“你是只看一个状元走马游街，没看见一万穷酸饿死窗下的了。”[①]但《北洋画报》不断以诸如封面、内页图片、专页乃至“女伶皇后”选举等方式反复强调少数几位名伶的成功形象，造成了一种“虚假的普遍感，一种靠不住的对经验的把握”[②]。

学戏成为当时女性尤其是北方女性的一种普遍潮流，《换巢鸾凤》的女主人公华慧娜在决定其前途时，出名的一般途径不外乎上北平学戏或去上海演电影，而对身在天津又是北方人的慧娜而言，学戏相对更容易和可行。她计划先找师傅，以票友的身份进入戏剧圈，投石问路，然后再成为职业演员。这是学戏唱戏的惯常途径，其中最具代表性的就是红极一时的章遏云，她以票友性质的“遏云女士”名号出道，终成一代名伶。章遏云的成名之路显然打动了很多志在唱戏的女性，《北洋画报》上的女票友图片非常多，其中不乏名媛闺秀，唱戏纯属业余爱好，玩票而已，但更多人显然是想“复制”章遏云的成功。如果说以前这还是演艺圈的“秘密”，或小报上的八卦，现在《北洋画报》这样销量高、影响大的新兴画报的积极参与，使其变得更有权威也更加可信。而且它的影响范围不止于社会上的普通女性，以及平津一些名媛闺秀，杨耐梅1928年年底来津时不但拍摄了戏装照，并且在电影放映的空当加演京剧《女起解》，颇得观众好评。在离津赴

---

① 刘云若：《换巢鸾凤》，《北洋画报》第24卷第1183期，1934年11月12日。

② ［美］苏珊·桑塔格：《论摄影》，艾红华、毛建雄译，湖南美术出版社1999年，第98页。

平之前，她甚至表示有来津跟随刘叔度学戏的长远打算，称“已厌银幕生涯，拟度舞台岁月”[①]。尽管由于种种原因，杨耐梅最终并未从电影转向戏曲，但这已充分说明这股“戏剧明星热”的魔力。1930年5月3日至6月21日，《北洋画报》举办四大“女伶皇后”选举，使“戏剧明星热”达到了顶点，众多戏剧封面女郎卷入其中，在成为读者/观众的选举对象的同时，也“主动出击”，各显神通。

三　四大“女伶皇后”选举

四大“女伶皇后”选举是《北洋画报》“戏剧明星”最重要的标志性事件，它的成功举办既是当时“戏剧明星热”的产物，反映了现代戏剧发展的阶段性特点，象征着女伶明星化的高潮，也体现出摄影画报与传统戏剧现代化的共生关系。而在选举中大出风头、票数始终排在前列的几名女伶，乃至最后成为赢家的四位“皇后”，都是《北洋画报》封面上的常客，可以说“女伶皇后”选举是戏剧封面女郎的一次“集体狂欢”。之所以说这次选举非常重要，是因为它不仅在当时引起轰动，影响广泛，而且直到今天还为戏剧界所津津乐道，除不断被相关文章、著作提及，甚至有初步的专门研究。在现有的文章中，“四大皇后”的人选名单已基本得到澄清，但对于《北洋画报》举办选举活动的前因后果、选举的特点及意义一直缺乏必要的整理和考察，因此本小节将以更广阔的历史空间为背景，对这一民国剧界大型选举活动进行综合的梳理与探讨。

1930年5月3日，《北洋画报》刊发“戏剧专刊第一百期纪念号”，以四页篇幅登载戏剧图文，并宣布举办四大“女伶皇后”选举。这次选举既是

① 云若：《杨耐梅的过去与未来》，《北洋画报》第6卷第254期，1928年12月8日。

剧刊出版百期的重要纪念活动，也是对当下活跃的平津坤伶作一总结：

> 平津报界久有女伶四大名旦（章遏云，雪艳琴，胡碧兰，马艳云）之选，惟不过一时流行，初未经正式公选，且近年女伶勃兴，人才辈出，亦难使已成名者故步自封，后进者向隅兴叹。故本报乘剧刊百期纪念之机会，行女伶四大皇后之公意选举，一以见顾曲者人望之谁归，一以励女伶界艺术之进步。①

《北洋画报》规定“被选人以现在舞台上执业者为合格”，从时间上限定了被选人的范围，表明选举活动的时效性，具有强烈的当下意识。但它同时也对选举结果造成了负面的影响，由于投票人以天津戏迷及读者为主，所谓“现在舞台上执业者”自然会偏向于经常来津公演的女演员，事实上这也是选举结果后来一直有争议并存在误解的重要原因，尽管雪艳琴、章遏云、新艳秋三人乃众望所归，但得票最高的胡碧兰，当时只在天津露演过，在北平没有挑班唱过戏，其名气仅限于天津，因此北平及其他地区的报刊媒体后来谈到“四大坤旦”时，往往把她排除在外，另以杜丽云或金友琴、华慧麟、陆素娟取而代之，并影响到现今戏剧史及相关论著的编写，关于“四大坤旦”的名单在戏剧界一直众说纷纭。不过选举的其他规定相当宽泛自由，采取不记名投票制，并无固定候选名单，由选举人选出自己心目中的任意四位皇后。从5月3日开始，在每期画报上附印选票，由读者剪下使用，“另纸无效”，这使得投票活动直接与《北洋画报》销量挂钩，要投票，先买报，并且多买多投，因而在选举期间，极大地促进了《北洋画报》的销路。选票回收有两种途径，一是让读者直

① 《四大“女伶皇后”选举》，《北洋画报》第10卷第467期，1930年5月3日。

接寄回《北洋画报》社，二是在报社及天津各大戏院门口设置票箱，方便选民随时投票。这在当时不失为一种创举，由此扩大了选举的影响，选举过程竞争之激烈、最终票数之高，也与种种便利措施有直接关系。本来选举期限按照读者征求活动的惯例设为一个月，“六月三日截止收票，七日揭晓”，但由于反响过于热烈，超出《北洋画报》同人的预料，结果延长半月至6月21日揭晓。

在此期间，《北洋画报》为增进读者兴趣和以示公正，七次发布《后票披露》，把候选者的实时票数及时公开，“后票披露”成为《北洋画报》选举的关键词之一，这一创意可以说是刺激各路“追星族”竞相投票的“杀手锏”。6月5日第一次披露票数时，被选者共86人，其中章遏云以2385票名列榜首，后三位依次为孟丽君、胡碧兰、新艳秋。到6月7日第二次公布票数，前四名稍有调整，分别为章遏云、孟丽君、新艳秋和胡碧兰，章遏云和孟丽君的票数骤涨至五千余票，由此可见“后票披露”的绝大效应。众名伶你追我赶，特别是前四名，票数差距较小，名次也在不断变动。到第四次披露时，章遏云、孟丽君、胡碧兰均超过七千票，新艳秋以4770票位列第四，前十名的其他女伶票数都有大幅度增长。这种紧张情势一直持续到最后一次公布票数，6月19日发布《后票披露（七）》，前四名变为孟丽君、章遏云、胡碧兰和新艳秋，前三名均有一万余票，而雪艳琴以6822票升到了第五名。这时距离投票截止时间不过两天，竟上演了最后的疯狂，到《北洋画报》公布最后结果时，胡碧兰票数高达25534票，一跃成为榜首，第二名的孟丽君也有21767票，涨幅最大的是雪艳琴，以20809票跃居第三，章遏云19131票名列第四，竞争过程之曲折、激烈可见一斑。（见图9）前几名女伶均有大量拥趸，在关键时刻，既要看舞台上的人缘，也要靠背后支持者的实力，仅以艺术水准和观众缘而论，雪艳琴和章遏云无疑要超出胡碧兰和孟丽君，但问题是幕后的实力有差距。据章遏云回忆：“前面三位是我和雪艳琴、新艳秋，而争逐得最剧烈的便是第四名‘皇后’，后来由洵贝

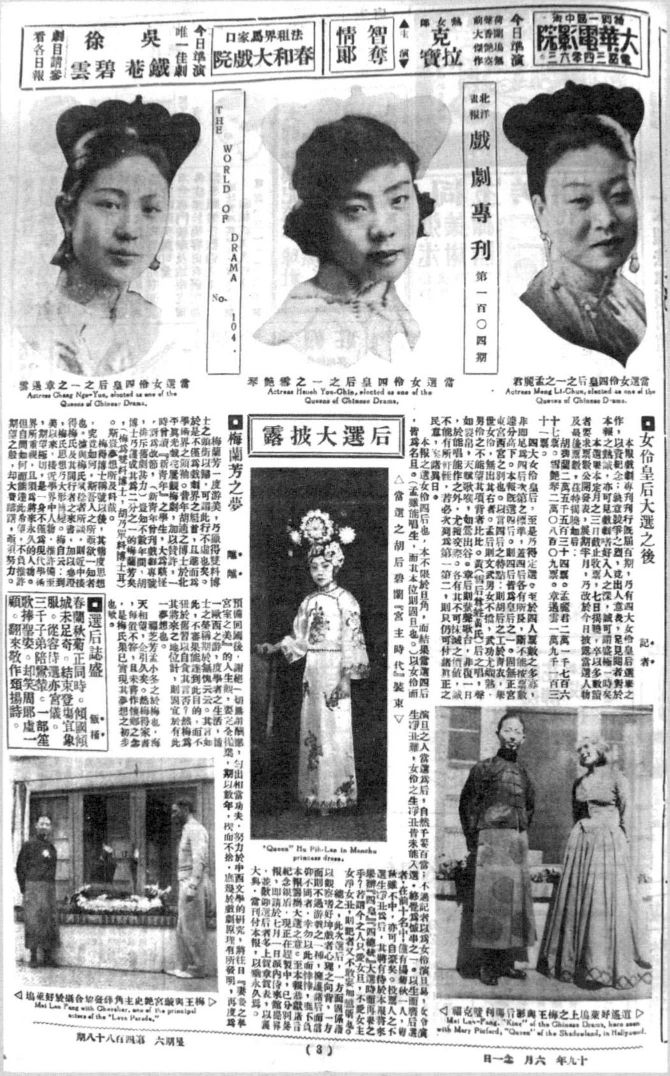

北洋畫報 戲劇專刊 第一百〇四期
THE WORLD OF DRAMA No. 104.

當選女伶四皇后之一之孟麗君
Actress Meng Li-Chun, elected as one of the Queens of Chinese Drama.

當選女伶四皇后之一之雪艷琴
Actress Hsueh Yen-Chin, elected as one of the Queens of Chinese Drama.

當選女伶四皇后之一之章遏雲
Actress Chang Ngo-Yun, elected as one of the Queens of Chinese Drama.

女伶皇后大選之後

后選大披露

梅蘭芳之夢

選后誌盛

△當選之胡后碧蘭『宮主時代』裝束

"Queen" Hu Pih-Lan in Manchu princess dress.

◁梅王與好萊塢攝合影發起人角主史艷宮旋與王梅▷
Mei Lan Fang with Chevalier, one of the principal actors of the "Love Parade."

◁道遙好萊塢上之梅王與影后瑪利璧克福▷
Mei Lan-Fang, "King" of the Chinese Drama, here seen with Mary Pickford, "Queen" of the Shadowland, in Hollywood.

图9 四大“女伶皇后”揭晓（1930年6月21日，10卷488期）

勒（载洵）力捧的胡碧兰当选。”[1]尽管她在名次上记忆有误差，但也证实了选举活动的一些内幕。其实章遏云自己也有幕后推手，包括李直绳、章一山、王伯龙等天津社会名流。

至于新艳秋被公认为“四大皇后”之一，还得到当事人章遏云的承认，也是有缘故的。《北洋画报》严格以“现在舞台上执业者”为参选对象，孟丽君在当选后不久就退出舞台，《北洋画报》随即以票数排名第五的新艳秋取而代之。这也是因为孟丽君名气较小，其当选确实有名不副实之嫌，相反第五名的新艳秋却是众望所归，由于《北洋画报》很快就更新了名单，新艳秋的“皇后”名号流传下来，因此在后来的种种说法中，除胡碧兰存在争议外，孟丽君更是直接被忽视，摒弃于“四大坤旦”之外。目前的相关文章有的即使澄清了初选的结果，对于新艳秋替补的具体情况却不甚了了，多认为她是取代胡碧兰。而经过报刊媒体的多轮渲染，本来的投票名次也按实力和人气重新进行了调整，雪艳琴、章遏云、新艳秋成为公认的前三名，由于所选女伶均为旦角，为与“四大名旦”相对应，“四大坤旦”的说法代替了原先的四大“女伶皇后”，并固定下来。

票数公开导致的激烈竞争也进一步提高了参选女伶的重视程度，她们除在《北洋画报》不断发布新摄照片，变相“拉票”之外，也会想方设法鼓励各自的支持者多多投票。章遏云生动描述了当时的情形：

> 每期的北洋画报上，都要公布各位当选人的票数，有时候某人多了几千票，一下子名次就升了上去，有时候某人被挤出了前四名，眼看就要失去“后座”，自然也是很紧张的。因此那时候的北洋画报销路特别的好，开票日期延后了两次，那也是他们为

① 章遏云：《章遏云自传》，台北大地出版社1985年，第64页。

了报纸的销路着想，但却把那么多位的坤伶们和捧场客都忙坏了，更害苦了！[①]

毕竟与支持者乱戴高帽的捧角文字相比，这种以“民意公选”为号召的选举更能提升身价，造成声势。选举结果出来后，《北洋画报》兑现承诺，给每位“皇后”赠送精美银盾一面，类似于现下颁奖礼的奖杯，上面由李直绳题书“莫敢来王”，用词相当巧妙。事实上“四大坤旦”的说法传开后，雪艳琴、章遏云和新艳秋是最大的受益者，其身价、地位一度能与顶尖的男旦名伶相抗衡。尽管章遏云在自传中称当选只是“纸上风光”，但“皇后”头衔确实给她们带来了实际的收益，章遏云离婚后复出，1933年年初赴上海天蟾舞台演出，沪上报纸以“北平四大名旦第二把交椅”为之宣传，正是三年前《北洋画报》选举的成绩。可从侧面提供例证的是，选举当时，孟小冬还未离婚，不在“现在舞台上执业者”之列，因此并未入选。1931年孟小冬离婚复出，被沙大风等平津剧界名流尊为“冬皇”，也有与“女伶皇后”遥相呼应的意思。

《北洋画报》选举虽本意不限于旦角，但最终入选者都是名旦，“本报之选女伶四后也，本不限于旦角，而结果当选四后，皆为名旦。（孟虽能唱生，而其本位则固旦也。）以女伶而演旦之人当选为后，自然千妥百当；不过记者以为女伶演旦易，女伶演生净丑难，女伶之生净丑皆未能入选，终觉为憾事之一”[②]。可能一开始“女伶四大名旦”的提法造成了读者的误解，但更为重要的是，这与民国以来戏剧发展的趋势相一致，以旦角为中心的新的演员制度已经建立，并愈演愈烈。清同治光绪年间，程长庚以文

① 章遏云：《章遏云自传》，台北大地出版社1985年，第64页。
② 记者：《女伶皇后大选之后》，《北洋画报》第10卷第488期，1930年6月21日。

武老生领袖梨园，掌管三庆班，人称“大老板”，同时期的老生张二奎、余三胜与之并称“三杰”。之后谭鑫培、孙菊仙、汪桂芬成为“新三杰”，分别掌领同庆、四喜、春台班，称盛一时，也都是以生角为台柱。特别是谭鑫培，被誉为“伶界大王”，直到民国初年还独步舞台，代表了老生艺术的巅峰。但随着社会的发展，观众的口味发生重大转变，加上女性观众的大量涌现，旦角逐渐成为梨园的核心力量，第一位划时代的人物是王瑶卿，他改革了传统青衣只重唱功、“抱肚子傻唱”的表演模式，熔青衣与闺门旦于一炉，唱做并重，使得青衣进入新的发展阶段，为后来的梅兰芳所发扬光大。到1920年代的“四大名旦”时期，更是进入旦角艺术发展的高潮，梅兰芳、程砚秋、荀慧生和尚小云各树一帜，呈现“四足鼎立”的局面，其影响力和号召力席卷整个社会，使得其他行当相形见绌，梅兰芳俨然成为新的梨园“大王”。尽管生角中还有杨小楼、余叔岩这样的名伶，也无法单独与之抗衡。旦角地位的高涨促进了坤伶尤其是坤旦的兴盛，女伶受自然条件所限，演生净丑出色的很少，但女伶演旦，具有先天的优势，无论嗓音，还是身形、面貌都可能高出一般男伶，更为自然妥帖，因此坤旦逐渐流行起来。加上1930年元旦北平梨园公会终于打破了男女分演的旧规矩，正式允许男女同台合演，这样坤班无须再另外培养其他行当，吃力不讨好，坤旦可以直接与优秀的男演员配戏，对女伶的艺术技巧及地位都有很大的提升，1930年代雪艳琴、新艳秋、章遏云均与杨小楼合演过《霸王别姬》。因此在坤伶界旦角明星也逐渐占尽优势，除了老生孟小冬，其他行当的艺人都被掩盖在坤旦的光芒之下。《北洋画报》举办四大“女伶皇后”选举，中选者均为名旦，也在情理之中。

《北洋画报》之所以能成功举办“女伶皇后”选举，也与天津坤伶盛行有密切关系。上海是坤伶的发祥地，京剧由天津传到上海后，于同治年间产生了中国最早的坤班，由南来的京班丑角李毛儿创建，坤班演戏因此又俗称“毛儿戏”或“髦儿戏”。同为通商大埠的天津也在北方开风气之先，随后出现了坤伶，并于20世纪初开男女合演的先例，“及乎近十年，而女伶始露头角，渐与男子合演，天津开其先，上海继其后”[①]。庚子前后天津坤伶以“四架英”最为有名，“四英”是金翠英、金桂英、金月英和金秀英四姐妹的合称，她们各工一门，尤以演花旦的金翠英为出色。之后坤伶又从天津传到了北京，据《鞠部丛谭》记载：

> 京师向禁女伶，女伶独盛于天津。庚子联军入京后，津伶乘间入都一演唱，回銮后复厉禁矣。入民国，俞振庭以营业不振，乃招津中女伶入京演于文明园，金玉兰、孙一清皆俞五所罗致也，是为女伶入京之始。[②]

民国初年的进京女伶来势汹汹，对北京戏剧界造成了巨大的冲击，并形成了坤伶的第一个兴盛时期。当时入京的女伶除了金玉兰、孙一清，其代表人物还有刘喜奎、王克琴、鲜灵芝、金月梅、恩晓峰等人。她们多是兼演京剧的著名梆子演员，刚开始在北京搭的也是同时演出京剧和梆子的“两下锅”班，和男伶同班合演。由于女伶叫座力量太大，甚至有压倒同班男伶之势，田际云、王瑶卿等梨园首领见势不妙，向警厅呈请禁止男女同班合演。禁令实行后，专门的坤班在北京兴起，女伶不但没有衰落，声势反而更大，“在民国四五年，女班极盛的时候，男班除梅兰芳一班可以与之抵抗外，其余男班可以算是站不住”，连谭鑫培晚年也有“男厄于梅兰芳，女厄于刘喜奎”之憾。[③]但女伶的这段兴盛期时间不长，到1920年代前期就衰落下来。究其原因，不外乎女伶舞台生命的短暂，当时社会对女伶的

---

① 钝根：《论男女合演》，《申报》1914年9月20日。
② 罗瘿公：《鞠部丛谭》，北平邃雅斋1934年，第17—18页。
③ 齐如山：《京剧之变迁》，辽宁教育出版社2008年，第85页。

迫害比男伶尤甚，王克琴被张勋强娶为妾，刘喜奎为了逃避权势的压迫，不得已嫁人离开了舞台，而命运相同者大有人在。直到1920年代后期，随着雪艳琴、孟小冬、章遏云、马艳云、新艳秋等人在舞台上崭露头角，坤伶界得到复兴，迎来了其“中兴时代”。这一代女伶多在北京学艺，雪艳琴、章遏云、马艳云、新艳秋均为王瑶卿的得意弟子，但天津是她们演出的福地，1928年年初，章遏云刚下海不久，与胡碧兰及恩晓峰的女儿恩维铭组班，应天津春和大戏院之约举行公演，一炮而红，上座极盛，春和因此盈利颇丰，之后各大戏院纷纷效法，从北京邀请坤班前来出演，在天津掀起了女伶演出的热潮。到1930年年初，男女合演禁令正式解除，女伶地位无形提高。在此情势下，《北洋画报》举办“女伶皇后”选举，并得到观众和读者的热烈响应，也就顺理成章了。

其实“女伶皇后”的选举有迹可循，清末盛行于上海小报的妓女“花榜”可以说开这类民间选举的先河，李伯元创办的《游戏报》曾是其中的佼佼者。不过“花榜”选举具有先天性缺陷，后来逐渐在越来越恶俗的商业炒作中衰落下去，但它可以看作早期市民意识在媒体催动下觉醒的一种表现，因而在城市化进程中，其选举形式及方法被保留下来，被媒体和市场运用到更符合现代品位的娱乐活动中去。20年代起，中国的电影业迅速发展，成为流行的新兴市民娱乐，1926年上海《新世界》杂志社举办了第一届“电影皇后”选举，张织云独占鳌头，与杨耐梅、王汉伦、宣景琳并称为电影界的“四大明星”。《北洋画报》对这次选举始末有较为详细的报道，它为“女伶皇后”选举提供了借鉴，直接体现在“皇后”头衔的借用上。另一个重要样本是京剧界的“四大名旦”，关于“四大名旦”的形成是一个复杂的历史事件，但其起点无疑是1927年6月20日北京《顺天时报》的“征集五大名伶新剧夺魁”投票评选。《顺天时报》由日本人辻听花主办，他酷爱中国的戏曲文化，与北京剧界关系十分密切。这次投票评选限定梅兰芳、尚小云、荀慧生、程砚秋、徐碧云五人，要求读者从他们的新剧剧目中，各选一出代表作，以票数最多者夺魁。《顺天时报》还制作了专门的投票表格，附在报上，读者须剪下填写，否则无效——“女伶皇后”选举的投票办法与其颇为相似。这次评选对候选人尤其是前四位的名声及地位是一次极大的推动，它也开了“四大名旦”的先河，由于徐碧云在艺术上与其他四位名旦存在一定差距，再加上上海及京津地区一班捧荀者的鼓吹，梅程荀尚“四大名旦”逐渐叫响开来。[①]《北洋画报》两周年纪念时，冯武越和张谬子联合制作了“男女八旦”的图文，选其代表作剧照制版刊登，由张谬子作文字点评。其中“男伶四大名旦”的剧照分别为梅兰芳《虹霓关》、程砚秋《刺汤》、荀慧生《盘丝洞》和尚小云《断桥》。这明显是对《顺天时报》的借鉴加修正——他们选出的代表作没一部相同。“女伶四大名旦”则为章遏云、胡碧兰、雪艳琴、马艳云，她们分别以《御碑亭》《武家坡》《全本玉堂春》和《梅龙镇》获此殊荣。[②]这也是《北洋画报》第一次正式提出“女伶四大名旦”，为后来的选举埋下了伏笔。

不过，1926年《北洋画报》报道上海“电影皇后”选举时，并未使用照片，“皇后”张织云和黎明晖、杨耐梅、徐素娥等明星的图片是由著名漫画家曹涵美绘制的系列漫画头像。《顺天时报》只在票选结果揭晓时以报纸附刊的形式集中刊发了五位名旦夺魁剧目的戏装照。而1930年的“女伶皇后”选举是摄影图像时代的“代言人”，在选举之前，《北洋画报》已经以戏剧封面女郎和其他各种图片作了大量的铺垫，选举期间又根据候选名单和票数高低不断刊发相关女伶照片，再加上其他报刊媒体的相关报道，即便不是戏迷或根本不听戏的读者，这些女伶对他们而言也是“熟悉的陌生人”，他们可以单纯凭借对照片形象的喜好程度而作出自己的选择。这无疑

① 参见葛献挺《“四大名旦”产生的经过和历史背景（二）》，《中国京剧》2007年第2期。

② 养拙轩主：《男女八旦记》，《北洋画报》第5卷第201期，1928年7月7日。

扩大了选举的影响范围，甚至可能由此产生新的戏剧观众。另一方面，曝光率和宣传程度反过来也会影响选举结果，至少雪艳琴、章遏云以及后来补充的新艳秋都是《北洋画报》重要的戏剧明星，曾多次成为封面女郎。1926年至1930年6月“皇后”选举结束，雪艳琴曾五次登上《北洋画报》封面，新艳秋三次，而章遏云竟然当过十六次封面女郎，内页照片更是数不胜数。1929年，《北洋画报·戏剧专刊》先后出版“雪艳琴特刊”“章遏云专面”及“新艳秋特刊”，以戏装和时装照片为主要内容，可以对女伶形象进行集中消费。正是在持续密集的视觉轰炸下，“票选”这种现代参与形式被发扬光大，《新世界》中选明星的最高票数不过两千左右，《顺天时报》六千多，远远比不上《北洋画报》，何况由于不限候选人，“女伶皇后”的投票相当分散。可见“票选”需要摄影技术的密切配合，它也深刻改变了演员与观众/读者之间的关系，形成了新的互动，传统的“舞台—观众”距离被拉近，读者的主动参与进一步取代了观众的被动接受，而《北洋画报》把这一民主“游戏”推向了高潮。1933年上海《明星日报》再度举行“电影皇后”选举，全面借鉴了“女伶皇后”的评选过程。

《北洋画报》宣布中选名单时，担心各方人士对结果过于认真，称“此次选后，一方面固系藉以观察嗜好坤戏者心理之向背，一方面则不过游戏之一种，拥护诸后而信仰不同者，幸勿以此而悻悻，庶不负本报筹办大选之意”[1]。这确实是一次盛大的游戏“狂欢”，由《北洋画报》同人全情策划，读者卖力参与，并波及社会上的一般戏迷。“狂欢”之后往往会带来空虚和疲软，在“女伶皇后”选举结束不久，《北洋画报》上的“戏剧明星热”也悄然落幕，像是选举盛事耗尽了它的力气。1931年之后，封面上的女伶大为减少，《戏剧专刊》很少再刊出女伶专页，女伶的曝光率也持续降

① 记者：《女伶皇后大选之后》，《北洋画报》第10卷第488期，1930年6月21日。

低。这种凋落景象似乎应验了“盛极必衰”，但实际上是历史发展的必然结果。坤伶的艺术生命本来就比较短暂，不但受外在社会环境的影响和干扰，而且其一旦嫁人，一般就要退出舞台。即使声名煊赫如孟小冬、章遏云，在她们职业生涯的上升时期，都因为结婚而“息演”。“四大皇后”中的另两位孟丽君、胡碧兰，也是同样的命运。名伶的隐退或半隐退造成了坤伶界的青黄不接，尽管章遏云和孟小冬离婚后都再度复出，艺术上更为精进，但缺少“集团作战”的“单打独斗”再难形成气候，在“中兴时代”之后，现代戏剧史上坤伶界的第三次鼎盛时期始终未曾到来。同时天津的女伶演出市场也相对在萎缩，1930年代前期上海电影“卷土重来”，同时歌舞、话剧等新兴表演艺术逐渐被市民广为接受，分流了很大一部分观众。另外，“戏剧明星”本来就含有的商业化噱头愈演愈烈，后来的女演员很多一味在形象和“炒作”上下功夫，不愿刻苦追求艺术上的进步，往往昙花一现，这多少会败坏天津向来挑剔的戏迷的胃口。《北洋画报》一向对社会风气的转变反应迅速，它在“戏剧明星热”退潮之后，其封面女郎很快转向更具新鲜意味和时代内涵的以女学生为主的“新女性”，想象女性的空间，也走下舞台，进入校园。然而，四大“女伶皇后”选举所带来的话题却具有强大的生命力，直到今天还在被热议，特别是近年来由于“票选”形式在国内电视媒体、视频网站上被广泛运用，以至产生了全民参与的“选秀”活动，也让民国时期报纸媒体的类似选举重新回到人们的视线。

结　语

从上海电影明星到平津戏剧明星，1926至1930年《北洋画报》封面女郎形象的变迁，不仅呈现了不同的女性身份和角色，以及妇女“时尚”的变化，更暗含着社会历史遽变下的文化选择。对于《北洋画报》及其背后的天津而言，1928年是一个重要的历史关节点。1928年6月，京津被阎锡山率领的国民革命军第三集团军和平接收，6月20日，国民党中央政治会议议决：直隶省改为河北省，北京易名北平，北平、天津为特别市。这标志着长达两年的“北伐”基本完成。在一种失望与希望交织的复杂心态中，天津进入一个新的历史阶段，开始城市新身份及其现状、前途的探索。与此同时，冯武越宣布正式成立北洋画报社，扩大经营，而深谙本地文化的天津人刘云若恰逢其时，成为《北洋画报》新一任主编，这些都使得《北洋画报》对天津的关注大大超过以往。除了封面女郎的“变脸”，《北洋画报》“时事传播”的重心也转向天津本埠新闻，出现了图像天津和想象天津的高潮。

“新女性”的代表和普通女性的公众化

——1930年代《北洋画报》封面女郎研究

1930年代起，《北洋画报》封面上女学生及女运动员不断增多，成为新的热点，她们作为“新女性”的代表，显示了《北洋画报》在政治意识形态和时代审美趣味变动下的积极选择。女学生在《北洋画报》的封面女郎群体中显得相当特殊，她们的身份看似简单，却暗示了一种过渡性和可塑性。女学生的身份只是暂时的，具有不确定因素和多种可能，一旦结束学业，她们可能“向上”变成名媛甚至明星，也有可能进入职场或家庭，成为城市中的普通女性。这些处于过渡阶段的女学生代表着现代社会中一种新式的女性理想，作为校园中的“新女性”，她们不像明星那般梦幻迷离，带给读者一种超现实感，要邻家、亲切得多，却又比普通的职业女性或家庭妇女来得遥远，具有一种朝气蓬勃的理想气质。这种特殊气质也体现在《北洋画报》的女学生封面（见图10）上，她们身上没有“明星式”的矫揉造作，也缺乏职业女子的沧桑阅历，显得活泼、开朗、自信。而且相对于明星的室内艺术照，女学生更多户外生活照片，身影遍及操场、公共花园、风景名胜，这与摄影技术的发展不无关系，户外人像摄影是技术进步的产物。这些在多个空间中游历的女学生，笑容爽朗，姿态自然，与以往图片中女性经典的“笑不露齿”“低眉顺眼”已然大不相同。

《北洋画报》对女学生的关注，有一个渐进的过程。开始不过是偶尔提

图10　南开大学黄燕生（1933年5月18日，19卷934期）

及，《北洋画报》最早的女学生封面“天津圣功女中学学生扮演《仙园》剧之一幕”[①]，与前后两次以上海影片中某一幕作封面并没有什么区别。到北伐时期，作为最早和最主要的剪发女性群体，女学生被赋予了“赤化”或“摩登”的暧昧想象。有趣的是，这种刻板形象的定型并非通过照片，而是出于男性作者和读者对她们的集体想象。《北洋画报》通过社会八卦小栏目“如是我闻”（后改名为“曲线新闻”）发布女学生的各种小道消息，往往与自由恋爱、赶时髦、作风浪漫等暧昧词汇联系在一起，体现了一种“猎奇”的心理。这种情形有其不得已的原因。当时综合性画报才刚刚起步，社会上对女子照片的公开发表还普遍存有偏见，除了电影明星、交际名媛等公众人物，其他女性不愿意“抛头露面”。1926年《良友》第8期曾以女中学生余贵玉为封面，由于未征得本人完全同意，被严厉谴责，“她责备的态度，很可以代表一般人的心理。凡刊在画报上的女人像，除了鹤发鸡皮的外，都是下流，坏品，贱格”[②]。上海尚且如此，何况相对保守的天津。直到1930年代，女学生才真正成为《北洋画报》封面的“常客”，代表着具有社会普遍号召力和感染力的“新女性”。由于“九一八”事变爆发，处于“国难”的特殊时期，爱国女学生形象成为《北洋画报》呈现的焦点，而随着“体育救国”思潮的高涨和“新生活运动”的展开，女学生中的特殊群体——女运动员的形象表述被推向高潮。但是，这些女学生形象表面的现代化并不能消解其意识形态上的保守性，其表述具有调和现代与传统的特殊功能。而另一方面，1930年代起，越来越多的普通城市女性出现在封面上，她们的穿着打扮乃至生活方式都生动诠释了从“时尚”到“流行”的日常大众文化的内在线索，其中的普通职业封面女郎则显示了现代职业女性在社会与家庭之间的现实处境。《北洋画报》封面女郎从理想形象到日

① 《北洋画报》第1卷第8期，1926年7月31日。
② 《致读者》，《良友》第11期，1926年12月。

常形象的不断变化，也反映出天津女性时尚的变迁及妇女在社会生活中“位置”的不断变化。

一　爱国女学生：国难中的女界代言人

随着华北乃至全国女子教育的进一步扩展，女学生由特殊新事物变成较为普遍的新事物，天津市民对她们的注目已经“常态化”，加上“明星热”的退潮，她们不但成为《北洋画报》新兴的封面女郎，而且逐渐摆脱了单调暧昧的符号化形象，开始具备丰富性内涵。1907年3月，清政府颁布奏定女子师范学堂章程和女子小学堂章程，“此为中国女子教育列入教育制度之嚆矢”。不过，它局限于师范和小学，注重的仍是贤妻良母教育，直至1921年更新教育制度，女子教育在形式上取得平等地位，开始有了升学机会和社会化的发展。但实际上，当时女学生数量仍然微乎其微，到1920年代末，始有较大进展。1931年5月，国民政府把“男女教育之机会一律平等”列入《中华民国训政时期约法》，女子受教育权才真正得到保障，接受中高等教育的女学生日益增多。[①]以当时“学制系统之中心”的中等教育为例，1922—1923年度直隶男中学生总数为7434人，而女生仅46人。[②]到1930年，河北省中学生达14811人，其中女生1325人，20年代后期涨幅才开始明显。[③]而天津作为华北商业和经济中心，其女子教育的发展趋势更具有代表性。五四运动后，自1919年秋季起，国立、私立大学陆续招收女

① 参见俞庆棠《三十五年来中国之女子教育》，《最近三十五年之中国教育》（商务印书馆创立三十五年纪念刊），1930年9月初版，第177—178页。

② 参见俞庆棠《三十五年来中国之女子教育》，第190页。这次调查不包括教会学校。

③ 参见《学校教育概况》，《第一次中国教育年鉴》（下），教育部主编，上海开明书店1934年，第260—263页。

生，南开大学也于1920年开始招女生。但直到1922年才有女生考入[①]，次年4月，南大仅有女生23人，约占学生总数的8%，其原因在于天津普通女子中等教育的断层。鉴于此，校长张伯苓于1923年筹办成立南开女中，并于1926年迁入新建校舍，从初中扩大到高中。但在10月17日的新校舍落成典礼上，“今日西人颇多，而中国女宾反甚少，以女中学举行典礼而有此景象，可见天津女界之不注意教育矣，是亦可悲者也”[②]。直到30年代前期，女子中高等教育才真正在天津有了一定范围内的普及。

与女子教育的社会发展相适应，《北洋画报》迅速瞄准这些日渐壮大的都市女郎的新生力量，使得女学生成为画报封面的主角，以制造更加新鲜和象征先进的现代女性范本。《北洋画报》的女学生封面从1929年即开始形成规模，第七卷（1929年4月4日—7月27日）封面有七位女学生。不过有两点值得注意：一是这些女生无一例外都在北平上学；其次她们多是文艺社团丁香社成员，因歌舞演出而受到关注。1930年代起封面女学生的范围才开始扩大，天津本地女生封面不断增多，并逐渐占据主要地位。其实，1929年至1931年间，《良友》也曾多次采用女学生封面，这充分表明现代都市中女学生群体的扩大和备受关注。但是，除第8期的余贵玉外，《良友》其余九位女学生封面女郎集中在这三年间，不像《北洋画报》整个1930年代的封面都有女学生的身影，持续关注的时间更长。其次，《良友》封面上的女学生都是上海本地中学生或大学生，但《北洋画报》上不仅活跃着南开大学、南开女中、河北女师、中西女学、圣功女学等天津学校女生，北平、上海及华北其他城市的大中学女生也不乏其人。更重要的是，《良友》封面由沪江、好莱坞、光艺、卡尔生等上海大照相馆提供摩登女学

---

① 第一届女生中，如后来成为《大公报》著名女记者的蒋逸霄，是由北京女子高等师范学校转学至南开大学，非天津本地生源。这样的例子应该还有。

② 记者：《南开女中校舍落成典礼志盛》，《北洋画报》第1卷第31期，1926年10月23日。

生照片，主编梁得所再进行后期上色，均为唯美、华丽的彩色头部特写或半身像，与女明星封面一脉相承，并无太大区别。而《北洋画报》的女学生封面与明星艺术照在风格、内涵上已有显著不同。众多处于不同时空的女学生图片表明，她们不再是简单的摩登女郎，而具有更多元的形象和正面的积极意义。

1931年“九一八”事变爆发，东三省相继沦陷，天津受到重大冲击，从11月起，多次发生日本便衣队暴动，局面一度相当紧张，接着战火燃烧到上海，1933年1月1日，日本发动“榆关事变”，将华北局势推向更严峻的境地，天津随时可能沦为前线。这三年间的危急情势给全社会造成巨大震动，“抗日救国”成为社会思潮中的“主旋律”。而作为与东北命运息息相关的华北重镇，天津市民及舆论的反应一开始就更为直接和强烈，有其切身利益的考量。1931年9月22日，《北洋画报》在内页插入“国难当头，同胞猛醒！一致对外，救此危亡！”的黑框大字，以警醒读者，并把内页、封底均换成黑色字体，表示哀痛之切、愤慨之深，直到10月15日才改回正常色彩。在动荡不安、人心惶惶的社会局面下，以及强势、一致的舆论氛围中，女学生作为现代“新女性”的代表，受到格外瞩目，她们对政治局面的应对和行为被媒体放大，成为妇女界在此情势下的形象代言人之一。

南开学校因其在天津教育界的领先地位和模范作用，其女生也成为《北洋画报》的重点关注对象。这一时期《北洋画报》的封面女学生，多数来自南开学校，包括南开大学和南开女中。其中，作为南开女中最为活跃的领袖人物，姚念媛曾四次登上《北洋画报》封面，可以说是女学生中最受欢迎的封面女郎，而且还于1932年夏被《北洋画报》聘为特约记者，尽管她只是偶尔为《北洋画报》提供图片和文字，其知名度和活跃度却可见一斑。1932年11月1日，姚念媛成为第十八卷卷首的封面女郎（见图11），卷首封面人物的选择比平常更为严格，不仅要地位高、分量足，而且要贴合时尚潮流，挑选热门人物，以造成广泛的社会效益。卷首封面还会有特

图11　姚念媛（1932年11月1日，18卷851期）

别的美术设计，这期就是配合时节，以橘、黑两色套印的枫叶图案装饰右上角的照片，而且以蓝天白云为底图，在这种色彩的鲜明对照中，姚念媛的黑白半身像反而被突出，图片中她朝左面仰着头，看起来似乎在望向远方。姚念媛被《北洋画报》高度重视，她的名校女学生身份是一方面，但更主要取决于她在“国难”中凭借自身能力和影响募捐筹款的爱国行为。

1932年4月25日，由姚念媛参与组织的励群社为“救济沪变灾胞”，“捐募赈款”，在天津春和戏院举办游艺会。“励群社为本市青年之一种艺术新组织，社员多南开校友，长于戏剧表演者尤多”①，“该社女社员五人，为姚念媛，吴梅仙，田镇华，邵醒华，顾女士，皆南开之高材生”②。这次游艺会的主事者之一即为姚念媛，她不但负责统筹规划，而且亲自编写剧本，担任导演，并参与演出。由于组织得当，游艺会消息和实况又被媒体不断报道，其社会影响越来越大，不仅邀来上海大明星金焰担任后台化妆，天津名票刘叔度、广东音乐会出清唱节目，连天津同生照相馆谭林北、《庸报》记者童漪珊、志同摄影部等也以各种形式参与其中，相当卖力，使之成为战乱期间天津最受关注的大型游艺会，而且取得很大成功，达到了预期目的，“票价虽不算廉，而观者几乎座满”③，“现在几个人亮亮嗓子，做做身段，便能立集千金”④，后一句虽有批评意味，但可从侧面证明游艺会的轰动效果。

在游艺会中，爱国时事话剧因与时局关系密切，是其主要节目，其中以姚念媛编导并主演的三幕剧《到前线去》最能打动观众。它以刚结束不久的“淞沪战争”为背景，讲述青年军官奔赴前线，妻子到后方医院任看护，后因丈夫失踪而上阵杀敌，妹妹受兄嫂感召，义勇从军。其实剧情很

---

① 秋尘：《励群社演剧赈沪灾》，《北洋画报》第16卷第769期，1932年4月23日。
② 曲线新闻，《北洋画报》第16卷第766期，1932年4月16日。
③ 小蘧：《励群社之游艺会》，《北洋画报》第16卷第771期，1932年4月28日。
④ 小蘧：《万能的游艺会》，《北洋画报》第16卷第774期，1932年5月5日。

简单，但“爱国之爱，高于一切之爱”的主旨和呼吁引发了天津观众强烈的感同身受，而且演员算是本色出演，表现得当，出演青年军官的顾得刚“为参与上海抗日战事之复旦大学义勇军司令”，“现身说法”[①]，而饰演妹妹的姚念媛也可以说是在扮演当时从军女学生的真实形象。在《北洋画报》的相关照片中，《到前线去》截取的是其中两幕，近景的角度模糊了舞台感，演员的装束和表情也比较生活化，使得它们看起来很像现实场景。在剧本与现实的对读中，也可以发现历史的互文，“哥哥—嫂嫂—妹妹”的影响链条明显包含了现实性别话语，女性担任了双重角色——看护和战士，看似矛盾的象征形象其实有着内在的一致性。看护确实是战时女性的标准工作，实际上是女性传统家庭角色的延伸，而女战士是受到丈夫 / 哥哥的召唤，表明她还是战争中男性同类形象的补充，而且中国传统文化中本来就有“木兰从军”的经典意象，女战士在某种意义上是对它的现代演绎。这种男性占优势地位的性别结构却是由女性作者设定的，更能表明战争时期对女性传统形象回归的普遍期待，这在“一心抗日十指劳军”的女学生形象上也得到体现。1932年3月沪战期间，《北洋画报》曾多次报道南开女生为前方战士缝制绷带、征衣的生动场面，针线活作为传统女工，这些新式学生并不熟悉，图片中女性身份与行为的不协调更能体现她们的诚意，强化其表率作用。作者强调“无论力量之大小，能以之贡献于国家，便是最上乘。以劳力所制成之慰劳品，最能表现诚意，且衣服绷带，又皆切实需要之物，故又非金钱之类所能比矣”[②]，其实是在以接受新式教育的进步女学生为示范，向所有普通女性发出“召唤”，号召女性在后方发挥自身应有的价值，为前线的男性将士送去温暖、贴心的慰问。这实际上期望的是女性传统角色和价值的实现，她们被划定在后方，扮演男性支持者的角色。

① 秋尘：《励群社演剧赈沪灾》，《北洋画报》第16卷第769期，1932年4月23日。
② 蜀云：《一心抗日十指劳军》，《北洋画报》第16卷第751期，1932年3月12日。

传统性别秩序主导着《北洋画报》对女学生的想象和表达，以爱国女学生为中介，“新女性”与传统女性获得内在的统一。

不过值得注意的是，《北洋画报》对于爱国女学生的报道有严格的阶级界限。与募捐筹款、“十指劳军”的南开女生众多封面和图片形成鲜明对比的是，在现实中英勇从军的三八女子职业中学女生郭世华尽管被追踪报道，向来以摄影图片的数量和质量为标榜的《北洋画报》却没有配一张照片，可以说是没有“面孔”的女性。郭世华事件当时在天津引起了较大反响，《北洋画报》以系列文字报道的形式记载了她从军的详细历程。因东北沦陷，1931年12月，“三八女中学生郭世华，日前绝食请缨，现已进食，并照常到校上课。郭性喜文艺，功课冠于侪辈，尤富作事能力”[①]。次年3月，郭世华等其他六名天津女性加入北平“誓死赴沪抗日之‘骷髅团’”[②]，离津南下，圣功女学学生高曼秋因家长阻止而未能成行。此去不久，《北洋画报》发布了郭世华给友人信中的最新动向：“同行天津女同志，大半抱病，须人扶持，志在看护人而来，却不料先须受人看护。”[③]4月底，《北洋画报》再度报告了郭世华的近况：

> 加入骷髅团南下工作之三八女生郭世华女士，日昨因事返津。据谈，现在昆山一带，从事修筑壕沟，颇感愉快。给养由六十师供给，每人每日约合二角五分。……生活完全军队化，每日须步行三四十公里以上。服装略如童子军，系上海各界所捐助者。[④]

郭世华的从军经历开始很有戏剧性，但一旦落实到现实的军队生活，

① 曲线新闻，《北洋画报》第15卷第715期，1931年12月12日。
② 蜀云：《七女子从军记》，《北洋画报》第15卷第748期，1932年3月5日。
③ 曲线新闻，《北洋画报》第16卷第755期，1932年3月26日。
④ 曲线新闻，《北洋画报》第16卷第768期，1932年4月21日。

已经毫无浪漫色彩可言，中途退出的两位女性即为证明。这表明舞台与现实之间虽然存在同一性，却有不可弥补的裂隙。在话剧中扮演从军女学生的姚念媛出身优越，南开女中是天津中上层家庭的首选学校。而三八女中校长张人瑞以前是天津妇女救济院院长，辞职后开办了三八女子职业学校，注重下层女子的职业教育，后转为普通女子中学，但针对的仍是城市下层女性，郭世华身世凄惨，因求学心切，由救济院转来女学。当时从军的其他“六女子”，五位为“要求解放之侍婢”，一位是孤女，以至《北洋画报》称“此七女子者，又皆受压迫阶级，独能‘愧死须眉’，则尤不可及也”[①]。这其中的严格界线也被作为中产阶级流行刊物的《北洋画报》所坚守，郭世华从军的报道和三八女学的消息一样，多数出现在“曲线新闻”里，作为妇女界动态的点缀，因此“郭世华”只出现在文字中，是一个没有真实形象的模糊符号。

尽管不同爱国女学生被表述的方式和力度并不平衡，反映了《北洋画报》本身的“性别／阶级”立场，但通过对她们的集体塑造，它还是成功向读者传达了自己的意识形态意图。而且反映出《北洋画报》加入营造“爱国救国”的社会舆论时作为摄影画报的特质所在，即通过读者对兼具时效性和现场感的摄影图片的消费，使其想象性地参与到相关事件和时代氛围中来，消费对象和消费人群都经过精心选择。比起“戏剧明星”在艺术和商业之间的游离，爱国女学生形象更多是一种政治意识形态的表征，而且它往往能通过舆论监督，很快地转化为真实的社会力量，这在女学生的负面报道中能得到更好的说明。“九一八”事变之后，“国货运动”再次得到突显，成为社会各界爱国行动的一个重要组成部分。1931年10月，《北洋画报》主编吴秋尘在《提倡穿棉袄》一文中严厉批评到日租界须藤洋行

① 蜀云：《七女子从军记》，《北洋画报》第15卷第748期，1932年3月5日。

购买日本毛线的天津摩登女学生，迅速得到其他爱国人士和学校当局的回应。几日后，“曲线新闻”报道：“某学校学生某甲为摄取赴须藤洋行购买毛线之女学生象片，曾在该行附近守候终日，不见一人入内，足征到该行买货者，因受舆论界批评，日来人数确已不多。”[①]不久，出于“日来外间盛传到须藤购线之事”的舆论压力和自觉，南开女中对教员学生的所有毛线衣物进行了点验，登记数目，缝上布章，并规定“穿破为止，不许添置。若发现有新制者，每件罚一元，衣充公，赈水灾”[②]。这些颇富意味的反应体现了媒体舆论间接的强制力量和执行力度，而偷拍行为表明摄影新闻图片在报刊媒介上广泛运用的深刻影响，及其表彰与曝光的双重性质。在这次舆论监督的目的实现之后，女学生一变为摩登女郎的对立面，其爱国形象在《北洋画报》上得到了多方位的表现。从时间上的先后而言，也可以看作《北洋画报》的“胜利”。

二　女运动员及“健康美”

作为综合性的摄影画报，“时事”只是其主题之一，《北洋画报》对很多读者的吸引力可能更多来源于它在流行资讯和娱乐信息方面的敏锐反应。因此，在突出爱国女学生时，《北洋画报》也塑造了众多运动家封面女郎，这一类特殊的女学生形象，在民族关怀和流行趣味之间达到了相当微妙的平衡，同时满足了市民读者的政治诉求和娱乐诉求。1930年代前期，体育运动基本还局限于校园内，《北洋画报》上被冠以“运动家”的女性，绝大部分是平津沪以及东北、华南各类学校的女学生——事实上，它们也是当

---

① 曲线新闻，《北洋画报》第14卷第697期，1931年10月31日。
② 秋尘：《南开女中点验旧绳衣》，《北洋画报》第14卷第699期，1931年11月5日。

时的体育发达地区。1931年4月南京政府推广民众业余运动时称："近年以来，经学校方面多方提倡，学生运动成绩，已有相当进步；而一般民众，尚未注意及此。"[①]"纵览三十五年来体育之经过，民众无体育可言，学生受体育之机会较多。"[②]以至1933年在南开中学操场举办天津市春季运动会时，新任《北洋画报》社长谭林北感慨："参观者以学生为主体，他界人士，来者绝鲜。"[③]参赛选手，也皆为各校学生。尽管如此，体育事业在1930年代由于官方和民众的共同支持，仍然得到迅猛发展，其社会影响远远超出了它的实际范围。1929年，南京政府正式公布《国民体育法》，并"为唤起全国民众促进体育起见，派朱家骅为筹备全国运动会主任，在杭州建筑会场。1930年4月，在该场举行全国运动会"[④]。之后全运会于1933年和1935年再度举办，成为当时最受瞩目和最为重要的全国性体育赛事。

而我国女子体育于1920年代随着远东运动会增设女子项目后才真正起步，除1923年第六届远东运动会女子排球胜过日本外，在历届大会上连连败北，1930年举行的东京远东运动会，在传统的排球、网球之外，增加女子篮球、田径两项比赛，但中国女运动员全军覆没，这给国内体育界造成绝大刺激，开始积极提倡女子体育。自杭州全运会起，女子田径和球类比赛成为全国性运动会的重要组成部分，也进一步引发民众兴趣，促进了女子体育的迅速发展。天津向来注重女子体育，成绩斐然，在全国占有重要地位。1930年第四届全运会，即南京国民政府举办的第一届全运会上，"女子总锦标广东得第一，天津、北平、东特（指东北地区——笔者注）并居

① 《社会体育》，《第一次中国教育年鉴》（下），教育部主编，上海开明书店1934年，第895页。

② 吴蕴瑞：《三十五年来中国之体育》，《最近三十五年之中国教育》，上海商务印书馆1930年，第239页。

③ 林北：《助运动员》，《北洋画报》第19卷第930期，1933年5月9日。

④ 《社会体育》，《第一次中国教育年鉴》（下），教育部主编，上海开明书店1934年，第889页。

第二。各项锦标如次：田径，广东、东特并得。排球，广东得。网球天津得。篮球北平得。”[①]并且不断涌现出优秀的女运动员，如网球名将梁佩瑜、梁佩瑶姐妹，篮球健将靳淑荃等，1931年秋，哈尔滨名运动员吴梅仙也考入南开女中，开始代表天津参赛。

从1931年开始，《北洋画报》封面上的女运动员不断增多，她们作为健康的“新女性”形象，越来越风靡。女运动员形象的广泛魅力与此时全国人民的体育热情密不可分，“九一八”事变更使之直接被赋予了民族国家的时代意义，社会舆论中“提倡尚武”“体育救国”的思潮再度高涨。1932年8月，南京政府“鉴于国难发生，国人体力欠缺之缺点，益形暴露，遂召集全国体育会议，以谋促进”，并随即设立体育委员会，“专负设计指导督促全国体育之责”，南开学校校长张伯苓也是十八位委员之一。[②]而两年后“新生活运动”正式拉开帷幕，“体育运动”作为二十一项具体工作之一得以确立，不仅使体育活动的开展带上更为强烈的官方色彩，也把全国的“体育热”推向了更高峰。通过这一系列对于体育的提倡，民间与官方、个人与国家之间找到了“过渡”的桥梁。就《北洋画报》及天津而言，对体育的热烈响应或许还意味着地方与中央关系的积极调整，即借助体育运动的全国性影响，推出有代表性的本土运动员，这也是树立新的城市形象，从“边缘”重回“主流”的重要途径之一。

“九一八”事变爆发后，南开学校马上停止原定的校庆游艺会，改开大、中、女、小学运动大会，这具有十足的象征意味。体育运动的现代意义从此作为一个宏大主题的重要部分，在《北洋画报》上被反复讨论。1931年第690期的《北洋画报》提供了一个生动案例（见图12），第二版六

---

① 《时事述要》，《良友》第46期，1930年4月。
② 《社会体育》，《第一次中国教育年鉴》（下），教育部主编，上海开明书店1934年，第896—901页。

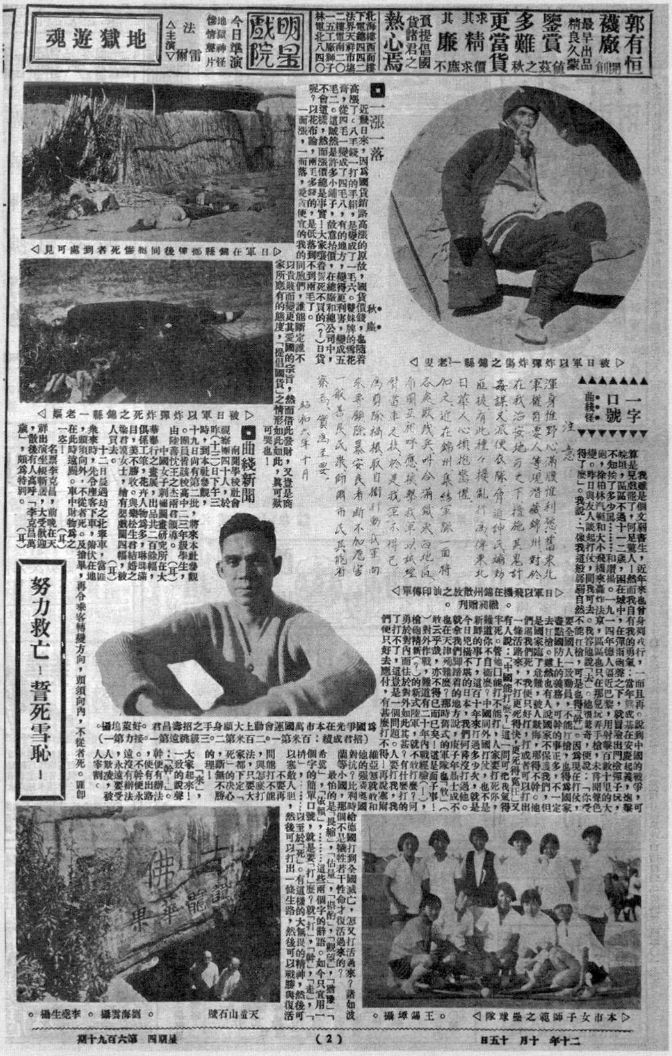

郭有恆襪廠 開創最早 出品精良 久蒙鑒賞 值茲多難之秋 更當提倡國貨 求其精 求其廉 不應求價 諸君之熱心焉

明星戲院 今日准演 地獄神怪慘情聲片 地獄遊魂 △法雷術主演▽

一漲一落

▷被日軍以炸彈炸傷之錦縣一老叟◁

▷日軍在錦縣轟炸後同胞慘死者到處可見◁

▷被日軍以炸彈炸死之錦縣一老嫗◁

一字口號 曲綫怪

注意

渾身推野心、滿腹推利慾、舊東北軍權首要人等，現潜藏錦州，對於在我治安地方之下，擅施其鬼計姦謀，又派便衣隊，脅迫紳民，煽動匪蹤，有此種々擾亂行為，俾東北日華人心頓抱驚懼。加之近在錦州集結軍隊，一面將合敗殘兵，叫合滿鐵來西地區、市國旦相呼應，挾擊我軍，以抵壁背當東之扶，於是我軍不得已為自衛根除禍根，取自衛行動，武軍向來勇願除暴安良，有斷不加危害一般善良民衆、師團市民其能者察焉、實為至要。

昭和六年十月

▷日軍以飛機在錦州散放之油印傳單◁ 。職和贈刊。

曲綫新聞

努力救亡！誓死雪恥！

天壺山石壁 。劉海雲攝。李堯生攝。

▷本市女子師範之壘球隊◁ 。王錫璋攝。

二十年十月十五日 （2） 星期四 第六百九十期

图12　（1931年10月15日，14卷690期）

幅照片中，“为国争光在本市万国运动会上大显身手之招寿昌君”居中，与上面三幅在日军炸弹中死伤的锦县同胞图片形成强烈对比。天津万国田径运动会最早于1911年由英国驻津总领事发起，参赛运动员主要为天津外国侨民和本地学生。招寿昌在体育比赛中战胜外国对手，获得多项优异成绩，值得国人骄傲，并有助于鼓舞国人抗日的志气和信心，这种解读在“为国争光”的图片标题中得到明显的启示。其实招寿昌的照片并非比赛图片，也没有任何背景，但编者对比赛结果的详细说明以及与国难图片的并列很容易引发读者类似的观感。同页中还有一幅“本市女子师范之垒球队”，体育与国难被有意并置，健康活泼的青年男女与死伤的“老妪”“老叟”鲜明对照，暗示体育运动将造成健全的强有力的国民，才有希望真正解除国难。体育在近现代中国一向具有沉重的附加值，从康有为、梁启超、严复等人提倡“强兵尚武”起，体育就被作为重要手段加以阐述，当时新式学校设置的体操课实为兵式体操。“五四”以后，军国民思想有所衰退，体育思潮转入强身健体，造就健全国民的新路径，体操逐渐退出学校课程，被各类运动所取代，体育进入常规化发展。1930年代《北洋画报》上的体育潮流也在这两种观念中转化，1932年左小蘧强调“注重体育，提倡尚武”①，与日本发动对上海的“淞沪战争”，国内形势再度危急密切相关。1933年“榆关事变”后，谭林北再次呼吁青年运动员体育与书本并重，以“救我垂亡之国家”②，体育成为民族危亡之际的“治病良方”。当局势相对稳定，战争的阴影暂时褪去，《北洋画报》对体育的提倡也由“救亡”变为“图存”：

近年以来，国事蜩螗，每一披卷，辄有触目惊心之图影，惟

---

① 小蘧：《男女学生的体育与服装》，《北洋画报》第16卷第780期，1932年5月19日。
② 林北：《助运动员》，《北洋画报》第19卷第930期，1933年5月9日。

冀今后不复睹此，易以我国重振之迹象。是页所载多全运会场上之写真，中国青年突飞孟晋之精神，活跃纸上，本报愿以此精神，与诸青年共同迈进。①

在《北洋画报》的“体育热”中，女运动员一开始就受到瞩目，面对男性“窥视”的目光，其性别和身体因素被突出。1930年年底，上海两江女子篮球队赴平津比赛，在北平时，因观众拥挤，场面异常混乱，“按参加之观众，记者虽不敢谓为毫无热心体育之人；但能否占十分之一，实难断言。彼等参加之目的，只是抱了看女人打球之心理而来，故时有令人不快之下流语送入人耳，颇足使人不快”②。在“北平女大球队与两江球队比赛前合影”中，两江队员穿着短衣短裤，露出胳膊与大腿，正是这一点满足了男性的窥视欲望。图片中女队员的身后，站着密密麻麻、层层叠叠的男性观众，他们之间形成了一种简单的“看”与“被看”的对应关系。

但这种“男性窥视”很快就被新的关注焦点所掩盖，随着体育运动的进一步推广，女运动员的健康形象被不断放大，而且由校园/运动场向社会辐射，形成“健康美”的女性新风尚。1931至1932年间，萧美真、梁佩瑜、徐和、孙贞、包经第等平津体育界名人都曾成为《北洋画报》封面女郎，其中萧美真还两次登上封面。有趣的是，这些封面女郎虽标明是“体育家”或“名网球家”，却没有一个穿运动服，展示的是她们日常装束中时尚、优美的一面。1931年第697期的封面上，萧美真一派时髦闺秀模样，完全看不出是运动健将。她烫着流行的波浪鬈发，由于是半身像，只看得出穿着半袖的小暗花旗袍，但左手的姿势非常柔媚。这与内页中她们经常出现的运动形象互为补充，表明她们既“健康”又“美”，实为理想的“新

① 小蘧：《卷头语》，《北洋画报》第21卷第1001期，1933年10月21日。
② 无：《两江球战记屑》，《北洋画报》第12卷第552期，1930年11月18日。

女性”。1933年10月10日南京全运会的开幕将运动员封面推向高潮，不到一个月，此类封面女郎达五位之多，其中10月21日即《北洋画报》第二十一卷卷首以“全运会标准美人杨秀琼女士”为封面（见图13），开始官方与媒体、大众共同参与的一场现代最大的体育“造星运动”。由于杨秀琼是香港游泳选手，《北洋画报》特地为她设计了浅蓝色海洋图案的封面背景，杨秀琼身着泳装与背景融合，暗合“美人鱼”的称号。在杨秀琼身上，女性的健康美被发挥到极致，成为全国性的美丽范本。

这预示着一种新的现代性“寓言”的登场，与对电影明星的摩登想象不同，女运动员的身体和形象表述暗含着更为直接和复杂的意识形态特征，体现出富有集体性和有序性的新的身体感官机制——这符合内忧外患下现代社会对体育的巨大期待，“现代运动之功用，尤在于提倡团体行动，训练克己精神，寓群育于体育之中”[①]。蒋介石在第六届全运会开幕训词中也强调：“促进运动不应仅限于学校而应普及于社会，不应专崇个人之特长，而应淬励全体国民之进步，复兴民族之基本工作，是固最占重要。”[②]因此，尽管女运动员身体的展示不可避免地会成为男性欲望的对象，但体育运动所具有的民族团结奋进的精神特质被极力发扬，女运动员形象因而具备“集体拜物”性质。“健康美”这一名词就巧妙融合了民族关怀和流行趣味，而作为其源头的女运动员毫无争议地成为时代审美的选择，迅速传播开来，在全国范围内被接受和模仿。1934年上海甚至拍了一部名叫《体育皇后》的电影，黎莉莉所扮演的“体育皇后”，不乏杨秀琼的影子。不过，杨秀琼在成为全国偶像的同时，仍具有自己的地方属性。正如《北洋画报》二十一卷卷首封面所示，杨秀琼在全运会的现场照片中，泳衣上印着“南华”字样，表明她是香港选手，为香港争光。杨秀琼从香港成功走向全国，再

① 《民国二十二年国庆辞》，天津《大公报》1933年10月10日。
② 《蒋委员长训词》，《申报》1935年10月11日。

图13 杨秀琼（1933年10月21日，21卷1001期）

到远东，最终成为国家形象的代表。这无疑给《北洋画报》以启发，在健美运动席卷全国后，仍要树立天津本土的“健美典型”——天津篮球名将靳淑荃（见图14）。这是她第三次成为封面女郎，与三年前的时装艺术照不同，这次女士不但剪短了头发，而且展示的是在北戴河海滨拍摄的泳装照片。尤其值得注意的是，这是《北洋画报》唯一一张彩色封面照，它与给照片上色的后期加工完全不同，是真正的天然彩色摄影，于30年代初才开始在中国兴起[①]。照片不仅具有丰富自然的色彩，而且清晰度很高，完美地体现了靳女士四肢的匀称和结实有力。在全国的“体育热”中，这无疑是城市健康形象的最好说明。

与此同时，“健康美”逐渐成为社会上广泛流行的正式提法。《良友》于1932年11月1日创办《健美画刊》，声称：“该刊内容，专在提倡健康的美。”1933年，天津人花木兰当选为青岛“舞后”，“花女士体态丰腴，容貌虽非艳丽无匹，要不失为健美。近代论美者多注重体格，此殆花女士之所以当选为后欤”[②]。第二年春天，燕京大学举办“健康皇后”选举，入选者皆短衣短裤，一身运动装束，别具一格，选举也在室内运动场进行，可见其“健康美”标准。差不多同时，上海电影界选出陈玉梅为新一届“电影皇后”，在与前“影后”胡蝶的对比中，王伯龙认为陈玉梅更合乎“健康美时代的需求”，其影像“使人联想到她是最嗜运动打球泅水的专家”[③]。以上各界选举的“异曲同工”表明，“健康美”已经席卷社会各路摩登人士。《北洋画报》仍意犹未尽，针对“饱食终日，既不直接负经济之责任，而家庭劳作又有仆役足供驱使之妇女”，即有钱有闲

---

① 参见吴钢《摄影史话》，中国摄影出版社2006年，第293页。

② “青岛市选出之舞后花木兰女士”，《北洋画报》第20卷第970期，1933年8月10日。

③ 伯龙：《影后新陈代谢记》，《北洋画报》第22卷第1077期，1934年4月19日。

图14　靳淑荃（1936年9月12日，30卷1451期）

又柔弱不堪的太太、小姐，煞费苦心，介绍提倡简单易学的家庭室内“健美运动”。编者从1935年8月6日到10月17日，陆续刊登选自当年国外“根据医学及生理学编成之最新健美运动一书”[①]的示范图片，清晰、详尽，可操作性很强。

“健康美”的特别意义在于，《北洋画报》以此为切入点，把“体育—女性—民族”有机结合起来，在造成一种流行风尚的同时，不忘强调它的宏大政治内涵，而后者保证了这种流行的正当性。像《北洋画报》这样集传播时事和娱乐消闲于一体的综合性摄影画报，在高度敏感、紧张的战争时期，以及“新生活运动”强势推行阶段，“健康美”和女运动员形象的消费对编者和读者而言都相当保险，可以说皆大欢喜，体育“对追求种族复兴力量的一国人民来说，起着道德安全阀的作用”[②]。因此，《北洋画报》在阐述“健康美”意义时，通常巧妙地把它带进时代背景，用宏大的叙事方式消解其作为流行文化的通俗的一面，使其能被社会各界所认同。在鼓吹家庭“健美运动”时，作者强调：“妇女之强弱，关系未来国民之健康至巨，……其所以以彼等为对象者，因彼等在民众中不失为优秀之份子，其知识道德，生活习惯，皆在水准之上，而身体适成反比例，其影响民族前途，非常重大。”[③]尽管他在后文中表示“健美运动”“行之既久，必可作成一摩登及站在时代之前之妇女”[④]，但其“摩登”色彩在民族国家的强势话语下已被遮蔽，对于“时代之前”也可以有不同理解。事实上，鼓吹“家

① 方译：《介绍“健美运动”序言》，《北洋画报》第26卷第1276期，1935年7月30日。

② ［美］卡罗琳·凯奇：《杂志封面女郎》，曾妮译，天津人民出版社2006年，第141页。

③ 方译：《介绍“健美运动”序言》，《北洋画报》第26卷第1276期，1935年7月30日。

④ 方译：《“健美运动”练习须知》，《北洋画报》第26卷第1278期，1935年8月3日。

庭健美”是对如何推行妇女新生活运动的直接回应：

> 在中国社会与家庭内，虽缺乏运动的设备，但简单体操，早起呼吸空气，公园散步，与郊外旅行等轻而易举的事。我们要实行新生活，都应当大家去实行和提倡。[①]

1935年“新生活运动”的开展进入鼎盛时期，妇女新生活作为其中的重要一环，得到大力推广，不仅成立了妇女生活改进会，以“新生活丛书”的名义出版了《新生活与妇女解放》和《妇女的新生活》，并于次年2月增设妇女指导委员会，由宋美龄亲任指导长。而妇女实行新生活的目标之一即为“锻炼健全的体格”，这实际上是由蒋介石1934年3月11日在南昌市民大会上的讲话衍生而来——“新生活运动的目的，就是要使我们一般同胞，个个人都能做健全的现代国民。要做健全的现代国民，第一就是要有强健的身体。”[②]把它“嫁接”到妇女界时，通过其传统性别角色使之纳入“新生活运动”的宏大目标，“民族生命的永续与繁衍，全赖母性担任生育的使命，有强健的母体，始有强健的国民，有强健的国民，始有强健的民族”[③]。在这种逻辑关系中，妇女因母亲身份而受到重视，女学生是未来新国民的母亲，提倡运动也因此成为培养健全母亲的重要手段。这种观点并非凭空而来，在近现代早期的妇女解放思潮中，梁启超、林纾等人都曾选择类似的修辞策略，提倡兴女学以造就“良妻”“贤母”，而“贤母”须“体质强壮，诞育健儿”[④]。而1934年冯武越对妇女与国家之关系的说明：“没有好母教，造成不了健全的国民；没有好国民，无以形成好家庭；无好

---

① 傅岩：《妇女的新生活》，南京正中书局1935年，第42页。
② 《力行新生活》，《新生活运动》，蒋介石讲，南京正中书局1935年，第28页。
③ 傅岩：《妇女的新生活》，南京正中书局1935年，第35页。
④ 参见陈东原《中国妇女生活史》，上海商务印书馆1937年，第338页。

家庭，怎能有好国家?”[①]也证明这种思想在社会上的普遍流行，一旦时机需要，就会蔚然成风，它也符合国难时期对传统女性形象回归的特殊期待。换句话说，女运动员视觉形象表面的现代化并不能消解其意识形态上的保守性。但不管如何，为女性热爱运动、追求健美的行为“赋予母性动机，减弱了大众文化中固有的关于妇女优势、能力和‘崭新之处’的暗示”[②]。正是这种“润滑剂”式的作用，缓解了社会上因“新女性”的“威胁”而出现的性别对立和紧张气氛，无论是对女运动员的呈现，还是对爱国女学生形象的强调，都有调和现代与传统的相同效果。

三　溜冰：地方趣味的尴尬位置

在《北洋画报》热热闹闹的“体育热”中，作为北方特有运动项目的溜冰却遭到“排挤”，在对国难时期负面现象的责难中首当其冲。溜冰是深受北方年轻人尤其是青年学生喜爱的冬季运动，早在清末，天津就有俗称“跑凌鞋”的民间冰上游戏，“跑凌鞋者，履下包以滑铁，游行冰上为戏，两足如飞，缓疾自然，纵横如意，不致倾跌。寓津洋人亦乐为之。藉以舒畅气血，甚妙”[③]。之后，西式溜冰鞋传入中国，很快在京津地区流行开来。北伐完成后，天津租界公共冰场向华人开放，冰上运动十分盛行：

> 30年代天津人办有北宁公园冰场、河北体育场冰场、南开大学、汇文中学等冰场，另外还有一部分天然河坑冰场。在英国球场

---

① 诛心：《中国的进步》(四)，《北洋画报》第22卷第1054期，1934年2月24日。

② ［美］苏珊·桑塔格：《论摄影》，艾红华、毛建雄译，湖南美术出版社1999年，第190页。

③ 《冰床凌鞋》，张焘辑《津门杂记·卷中》，清刻本1884年，第20页。

冰场华人溜冰者大大超过了外国人。由于冰上活动的广泛开展，我市逐渐涌现出一些优秀冰上运动员，多数是大、中学生。[①]

“九一八”事变之前，平津每年冬季的溜冰活动都是《北洋画报》的“重头戏”，溜冰场上的时髦女性多次成为封面女郎。1931年年初《北洋画报》曾推出一批女作者，多是平津各校女生，其中一篇文章名为《溜冰》，认为溜冰作为一种正式运动，对锻炼身体和精神都大有好处，尤其能促成女性现代品格的养成。

但事变的爆发使得溜冰作为运动的正当性受到质疑，1931年年底，就有作者呼吁学生从“冰场”回到“操场”，显然把溜冰与体育对立。之后，对溜冰的指责逐渐升级，《北洋画报》主编吴秋尘的系列文章清楚表明了这一过程。刚开始吴秋尘认为溜冰还算正当娱乐，不必停止，到了《“打滑出溜”》，已经把溜冰认作不上台面的旧式顽童游戏，抹杀溜冰的现代发展。而在《冰上宣传》中，由于北平北海溜冰会把溜冰与抗日宣传“捆绑”，引发作者的强烈不满。1932年年初的《冰核儿》一文，因天津北宁溜冰会开幕当日与上海遭受日本飞机轰炸为同一天，作者深受刺激，对溜冰更为贬斥。溜冰在《北洋画报》上的命运反转反映了这种民间运动的尴尬位置。其实矛盾的焦点在于：溜冰到底是体育还是娱乐？对此《北洋画报》与爱好者产生了严重分歧。平津盛行的溜冰活动多为化装溜冰，这种带有强烈娱乐色彩的活动形式模糊了溜冰的体育性质，使其更像是摩登青年中的一种流行文化。《良友》对平津溜冰活动的报道，就侧重于“奇形怪状”的化装。第44期“北平南海之化装溜冰”专页刊发了七张照片，其中五张均为噱头十足的怪异装扮，如化身爱神丘比特的萧淑庄女士，扮成蚌精的

① 《冰上运动》，《天津通志·体育志》，天津社会科学院出版社1994年，第243页。

江召安女士，以及“尚未肃清的军阀”“要钱不要命”“古今中外”等。

更重要的是，溜冰运动局限于北方，当时并未得到官方认可，北伐完成后政府正式南迁，使得整个国家的发展重心迅速转移到南方，平津地位一落千丈，各项建设都远远落后于宁沪，连体育运动也是以南方流行的游泳、球类为主流，除了平津地区一些民间竞赛，溜冰始终没有成为正式的运动会比赛项目。具有明显地域限制的溜冰运动本身难以普及，再加上不受重视，在全国“体育热”中处于极度边缘位置。溜冰的不断边缘化在某种程度上可以看作1928年前后平津命运转变的缩影。尽管《北洋画报》因切身利益关系，十分关注北伐后平津的建设和前途，而且敏锐反映弥漫在平津社会和市民中的“怀旧”氛围，体现出地方化和本土化的新趋向，这也表现在对溜冰的热切报道上。但是，一旦“国难”发生，地方趣味马上被打入“冷宫”，《北洋画报》明显认为溜冰与国难“势不两立”，天津《大公报》也把溜冰看作摩登学生们不顾国难的“罪状”之一，与跳舞、看电影同类[①]。与北方舆论对溜冰的苛责相反，上海的《良友》反而能比较宽容地正面报道溜冰，把它看作北方特有的文体活动。这种截然不同的态度再次显示了平津地区的文化焦虑，当地方趣味与国家危机相冲突时，以“牺牲”前者来保证自己在后者面前的合法性和正当性，它不仅表明对于本身边缘化地位的无可奈何，或许也是《北洋画报》及背后的天津欲借此重回“主流”的努力。

然而，《北洋画报》在表达对溜冰的极度反感时，却又流露出“爱恨交织”的矛盾情结。发表宣永光指责溜冰的长文《为国溜冰！溜冰抗日！》的735期，仍以“北平中南海化装溜冰会上之方纪王宜缃两女士”为封面（见图15），方纪是南开大学的排球健将，《北洋画报》曾刊登她在球场上的飒

① 二酉：《矛盾与摩登》，天津《大公报》1932年1月30日。

北平中南海化裝溜冰會上之方紀(右)王宣緗兩女士　。李堯生攝。

图15　（1932年1月28日，15卷734期）

爽英姿，作为封面女郎的方纪出现在冰场上，穿着时髦，笑容愉悦，同样具有极大的吸引力。而且，吴秋尘一面贬低溜冰，一面却用生动的语言描述道：

> 津市妇女溜冰者甚多，闻以在运动界最负盛名之南开吴梅仙女士为最。吴女士每溜冰，必着大红绒衣裤，驰骋冰上，如火一团。冰白如银，衣红如血，鬓黑如漆，疾行如风，稳立如山，见者无不诧其艳而勇。①

这些溜冰女学生的形象魅力，反映了《北洋画报》编者立场的游移和矛盾，而且已经造成对指责文字的颠覆。

女学生及女运动家形象在《北洋画报》上别具青春魅力，而《北洋画报》对她们的关注不只停留于校园，还包括她们的前途②。大部分人完成中学教育后就嫁人，成为家庭妇女，正如谭林北所说："做工的女子，不必是受教育的；多数有机会受教育的，就有不必做工的机会。"③许多中上层女子接受现代教育，可能只是为自己添一份时髦"嫁妆"。但同时，也有越来越多受过中高等教育的女学生像萧美真一样进入社会，成为新兴职业女性。她们共同汇入了普通城市女性的时代洪流。

四 从"时尚"到"流行"

与之前的封面女郎多为当红的明星名媛、女学生相比，第十五卷

---

① 秋尘：《"打滑出溜"》，《北洋画报》第15卷第730期，1932年1月19日。

② 这也是《北洋画报》封面的魅力所在。它展示了封面女郎萧美真、梁展如等从女学生到（求职）结婚的人生历程，别有意义。

③ 林北：《男"难生"》，《北洋画报》第19卷第936期，1933年5月23日。

（1931年11月10日至1932年3月10日，共五十期）的《北洋画报》封面显示了一个重要转变，其中二十九个封面均简单地以某某女士或夫人命名，不再缀以“名闺”“名媛”或女学生、体育家等头衔，也没有任何介绍，有些甚至连名字都没有，只有姓氏，因此很难确认她们的身份，只能根据《北洋画报》的习惯和她们的服饰装扮，给她们作集体命名——普通封面女郎。并且其数目还在增加，到第十六卷，这类封面多达三十四个，其中大多数照片由平津两地的照相馆提供，少数是个人赠刊。当然，通过对封面及内页的整体考察，可以得知少数人的真实身份，比如天津名媛梁君咏、梁君谟姐妹，南开女生董美丽、卢惠森、康彰等。但这些名媛、名女学生“隐匿”于“芸芸众生”，本身就表明封面女郎的日常化，现代普通城市女性作为一个庞大群体，逐渐进入公众视野，具备展览价值。

作为封面女郎的普通女性，既没有明星的梦幻光环，也缺乏女学生及女运动员的名人效应，是更平实也更接近读者的都市现代女性，她们的穿着打扮乃至生活方式都生动诠释了由“时尚”到“流行”的“通俗的现代性”历程。“时尚”同时具有分界和模仿功能，一方面，“将自己与他人区别开来的诉求，正是所有时尚最重要的因素之一”，因此“时尚”有着严格的等级制度，真正的时尚中心总是在较上层阶级中的；但另一方面，“时尚”的模仿功能又会发挥同化作用，使得不同阶层、群体之间的界限不断地被突破。一旦某种时尚被广为接受，由“少数”变为“多数”，也就意味着偏离日常生活的“时尚”变为日常“流行”的一部分，失去了其理想色彩和独特性：

时尚的本质存在于这样的事实中：时尚总是只被特定人群中的一部分人所运用，他们中的大多数只是在接受它的路上。一旦一种时尚被广泛地接受，我们就不再把它叫做时尚了；……时尚的发展壮大导致的是它自己的死亡，因为它的发展壮大即它的广泛流行抵消了它的独特性。[①]

举一个非常有意思的例子。1932年，《北洋画报》先后出现了三张极其相似的封面，分别为"女伶皇后"胡碧兰（见图16）、姚萱女士和闻淑贞女士（见图17），胡碧兰是1930年代仍保有声誉的少数名坤伶之一，而后两者属于本小节所论述的无法辨别身份的普通妇女。有趣的是，这三张照片均在天津同生照相馆拍摄，且不约而同选取了同一室内背景，一个像蜘蛛网一样放射形的几何图案，相当引人注目。不仅如此，三位女士还采用了同款坐榻和坐姿，都是一只手放在身上，另一只靠在榻上，唯一有区别的是，姚萱坐在左边，向右侧身，而胡碧兰和闻淑贞刚好相反，是左侧身的姿势。而且她们的装束打扮看起来并无太大分别，都烫着螺纹式鬈发，穿中袖长旗袍和高跟鞋。这些照片表明，早期明星的遥不可及已成历史，现在普通的时髦女郎就把明星时尚模仿得惟妙惟肖。她们正是"时尚"由上而下的接受者和传播者，使之"流行"，成为日常生活的一部分。值得注意的是，她们模仿的对象不仅包括服饰装束，更是对某种生活方式的直接复制，到照相馆拍摄艺术照成为城市女性一种新的消费习惯和娱乐项目，而在照相铜版画报刚刚兴起时，明星、名媛才是照相馆的主要消费人群。而普通女性形象的公众化，本身也是一种对公众人物的效仿。

另外可资证明的是婚纱照的普及。《北洋画报》封面的婚纱照向来不少，但它们往往是名流社会的缩影，在1930年代以前，名门世家的婚礼才能登上封面，穿着西式婚纱的封面新娘均为追求摩登的名媛闺秀。事实上，当时像津、沪这样的通商大埠，婚纱也不过在部分"西化"的上层家庭中兴起不久，所谓西式婚礼，大多还是中西合璧。因此，婚纱照仅是具有明

---

① ［德］齐奥尔格·西美尔：《时尚的哲学》，费勇等译，文化艺术出版社2001年，第77页。

图16　胡碧兰（1932年3月19日，16卷754期）

图17　闻淑贞（1932年6月30日，16卷798期）

显阶级标志的少数人的时尚。但就像任何“时尚”本身的魔力和悖论一样，现代画报的传播、照相馆敏锐的“生意经”使得婚纱照成为一种具有仪式性质的特殊照片，在普通城市女性中流行开来。吴秋尘1930至1932年间在《北洋画报》连载的长篇小说《穷酸们的故事》中，在上海、天津这样的大城市，赶时髦的青年男女结婚去照相馆拍摄婚纱照，已实属平常，而且婚纱礼服的租借也极为方便，花费不多。《北洋画报》上就有“出赁男女礼服头纱”的广告，声称“式样时新，雅致美丽。尺寸大小，一应完备。租金低廉，承制洋服。请来参观，无任欢迎”[①]。因而不难理解1930年代《北洋画报》封面普通新娘的出现，1933年11月11日“河北女师学院陈质文女士新婚倩影”即为一例。1935年“新生活运动”中，南方各大城市纷纷出现的多达数十对的“集团结婚”，实行的是西式婚礼，那些穿着白花花的婚纱、在照片中几乎难以分辨的新娘“集团”，是婚纱以及婚纱照流行的一个极端的例子。它同时也表明，与“时尚”的高高在上和鲜明个性相比，“流行”不仅触手可及，而且可能变得面目模糊。

但这恰恰符合日常大众文化的内在线索。《北洋画报》封面女郎从“有名”到“无名”，从“理想”到“平实”，正是这一趋势的产物。它标志着现代画报的走向，表明就一定范围而言，画报逐渐能满足任何城市女性“被拍摄”“被复制”和“被展览”的参与愿望，其实从上海《良友》画报也能看出，所谓“匿名”封面女郎[②]的大量出现也是在1930年代，而早期封面均为明星或名媛。但也可以说明城市女性越来越敢于“抛头露面”，不能忽视她们参与其中的自主姿态，被展览的同时也在展示自我。从“理想”到“平实”与摄影发展的趋势一致。“在早年的摄影当中，人们期望照片是

① 《北洋画报》第24卷第1153期，1934年10月13日。

② 指没有注名或仅以姓氏代替，没有身份的普通女郎，《良友》有五十期之多。参见杨春晓《解读〈良友〉画报的封面》，《新闻大学》2004年第4期。

理想的形象”，但当摄影获得它应有的艺术地位之后，却转而追求“平实”。[①]当然，这也是技术进步和普及的结果，1926年《北洋画报》刚创办时，提供封面照片的天津大照相馆只有鼎章，后来同生崛起。但到了1930年，“楚汉之争”变为同生、鼎章、好莱坞、大华、志同等知名照相馆的“群雄逐鹿”。1933年1月12日，《北洋画报》封底同时登有志同艺术摄影部、天津同生美术照相馆和好莱坞摄影部的广告，可见天津照相馆的繁荣。照相的普及表明需求的增加和成本的降低，它逐渐“飞入寻常百姓家”，成为普通市民需要也消费得起的日常活动。另一方面，价格合理的家用照相器材也得到推广，1932年年初大华照相材料公司推销“经济摄影机”，每架售价才17.75元，完全在当时天津普通中产阶级的承受能力之内。实际上，《北洋画报》封面一小部分由个人赠刊的照片中，不乏私人摄影作品。

五　在社会与家庭之间

1. 普通职业封面女郎

在无法辨明身份的普通封面女郎之外，还有一类标明身份的现代职业女性，就社会地位和个人特征而言，她们也属于普通封面女郎的范畴。1930年开始，职业女性封面显著增加，上半年就有四位职业封面女郎。这不仅表明《北洋画报》对现代女子职业发展的关注，还具体体现了此类封面从“理想”到“平实”的过程，即职业封面女郎由早期少数杰出的女子职业先驱，到1930年代逐渐转变为具有普遍性的城市职业女性，职业范围有所扩大，而职业的门槛也大为降低。早在1920年代，《北洋画报》封面

① ［美］苏珊·桑塔格：《论摄影》，艾红华、毛建雄译，湖南美术出版社1999年，第40页。

已偶尔涉及社会上的职业妇女，郑毓秀、周淑清、李昭实都曾成为封面女郎。但是，这三位女性都是极为优秀的社会精英，在当时并不多见，而且其取得成功的领域向来为男子所占领，因而格外引人注目。

而1930年代的职业封面女郎已变为现代都市中常见的普通职业女性，主要有两大类：政府女职员和学校女教员，分别以“河北省政府女职员朱群芳女士”[①]与“本市中西女校教员陈佩月、徐亚英”[②]为代表。据1930年天津《大公报》的系列采访调查《津市职业的妇女生活》，女职员和女教员是当时最普遍也最被社会广泛认可的现代女子职业，“男子学校之容纳女教师，是到‘五四’以后才有的事，现在当教师这件事，已变成女子最普遍的职业”[③]。而且调查结果显示，这两类职业女性不但工作较为轻松，收入较高，而且保持精神独立、具有美满家庭的比例更高。因此对于受过教育的普通女性而言，女职员和女教员都是比较理想的现代职业。

值得注意的是，女教员中有一类特殊群体，即体育教员。南开女中体育老师徐和曾两次登上《北洋画报》封面，风头颇健，同样成为封面女郎的还有天津培才小学体育指导罗治英等人。考察这些封面的刊发时间，可以发现正是新生活运动开展时期“体育热”的产物，它不但使得女运动员万众瞩目，其指导老师也从幕后走到台前，成为备受关注的职业女性。另外，名女学生萧美真从北平女师毕业后，进入南京铁道部当职员，她各个时期的封面形象生动展示了现代普通职业女性的成长之路，具有珍贵的历史意义。有一点需要特别指出，1930年代《北洋画报》上的普通职业封面女郎，尽管不再遥不可及，但因其有着良好的教育背景和社会地位，仍是现代城市中较为优越的女性群体，事实上，前文所论述的身份难以确认的

① 《北洋画报》第20卷第974期，1933年8月19日。
② 《北洋画报》第22卷第1097期，1934年6月5日。
③ 陈东原：《中国妇女生活史》，上海商务印书馆1937年，第396页。

普通封面女郎也是如此。这再次体现出《北洋画报》封面女郎面向城市中上层女性的严格限定和范本功能。

2. 社会转型时期天津女子职业的复杂面貌

事实上，在当时天津现实社会中，“职业女性”的范围其实非常宽泛，远非职业封面女郎所能涵盖，它包括女性在社会空间中为获取独立经济来源所做的一切工作，同时涉及现代新兴职业和传统谋生手段，体现了社会转型时期女性职业的复杂面貌。《北洋画报》曹涵美的“女子三百六十行”系列插画和天津《大公报》蒋逸霄的系列报道《津市职业的妇女生活》尽管出自不同性别的作者，显示了不同的观察立场和观看模式，但均反映出现代与传统纠缠的历史面貌。性别身份确实在女子职业问题的讨论中起着关键作用，蒋逸霄作为《大公报》著名女记者，她的系列采访是极为珍贵的出自女性视角的此类材料，可以与《北洋画报》强势男性话语下的相关形象形成有意思的对照。更何况作为天津的名记者和中山中学的校长，蒋逸霄本人就是一位典型的现代职业女性。

女子职业问题在现代妇女解放思潮中一贯占有重要地位，自“五四”起，开始真正打破“贤妻良母”的传统价值标准，倡言妇女要有独立人格的生活，女子的社会职业成为一大关注焦点。胡适借美国女记者之口提倡“超于良妻贤母”的人生观[①]，实际上就是一种“自立”的观念，与刘半农的职业妇女观一致，即认为妇女要从家庭、家务中解放出来，到社会上去做事，以获得立身之本。正如蒋逸霄所说，男女之间的种种不平等，“实在是产生于女子没有经济独立的能力。所以女子欲谋解放，非先谋经济独立不可。……职业平等固然不是女子求得经济独立的唯一方法，然而女子能

---

① 胡适：《美国的妇人》，《新青年》5卷3号，1918年9月。

得到相当的职业，便可得到经济独立的机会而摆脱了许多桎梏束缚”[①]。这种观点相当具有代表性，也逐渐为一般社会人士所承认。

其实曹涵美的“女子三百六十行”于1927年1月12日首次在《北洋画报》上刊载时，冯武越的文字说明表明这次策划的编辑意图与女子职业问题直接相关，他针对提倡女子职业者只把目光投向西方的现象，介绍中国女子处于家庭空间和社会空间的传统“职业”，包括家庭劳作和谋生手段。所谓“女子三百六十行”，不单指生存职业，还包括家居生活，这比蒋逸霄后来定义的“职业女性”更为宽泛，也超出“三百六十行”约定俗成的涵义。但是，由于刻意强调“传统”，又有忽略现代职业之嫌。然而，“女子三百六十行”连载至1930年7月3日，共发表九十三幅插画，早已超出编者的原意，除了早期为浣洗、织布等传统家庭劳动所作的少数几幅插图，绝大部分描画的仍是社会空间中的城市职业女性，而且曹涵美并不局限于冯武越所说的传统职业，而是随着社会的发展不断增加新兴的现代职业，如电影明星、模特儿、女医生、女游泳家等等。事实上，1930年代《北洋画报》封面最为常见的女职员和女教员，也早在画家笔下得到呈现。1929年2月26日，曹涵美发表插画“女教员”，可以说引领了《北洋画报》封面的摩登女教师形象。

《北洋画报》对女子职业问题的敏感确实是先行一步，到1930年年初蒋逸霄发表《津市职业的妇女生活》，她所选择的采访对象与曹涵美的插画有很大的重合。不过，除了用“职业”取代“三百六十行”这个所指模糊的传统名词，两者呈现的具体内容也大不相同，体现了不同的性别视角。蒋逸霄为大多数采访对象拍摄了照片，她的调查报道也兼具形象意义，这些照片中只有作为采访对象的女性本人，很明显，她们因为面对的是一位

① 逸霄：《津市职业的妇女生活·绪言》，天津《大公报》1930年2月8日。

和蔼可亲的女摄影师而感到放松，这从那些平时不可能拍照并公开的下层女性所留下的影像可以看出。

而曹涵美的插画中却有大量男性形象，无论是从事传统谋生职业，还是现代新型职业女子，大部分都有一个男性“观看者”的存在，譬如“做洋机生活”[①]，室内的女子正在用缝纫机专心干活，而窗外树下，竟有一个偷窥的男性。这种“看”与“被看”的二元模式体现了现代职业女性的尴尬地位，她们进入社会公共空间的同时，也意味着无法摆脱其“展览价值”。而且她们不仅被插画中的男性观看，还要被男性读者阅览，形成了双重“被看”的关系。从“被看”的角度出发，曹涵美的插画在很多方面体现了一种男性“理想”，而非现实生活。其中一部分女性在劳动时穿着相当暴露，身体的暧昧气息非常浓厚，这明显与事实不符，只能说是作者的“白日梦”。最有意思的是，曹涵美还会置换现实场景，表现一种“似是而非”的女性职业。1930年4月17日，《北洋画报》刊登了插画“女擦背”，巧合的是，4月25日蒋逸霄发表《女澡堂的女堂倌》，两者表现的对象相似，但插画中的女擦背是为男性服务，而且西式浴缸、浴帘等设施看起来更像是家庭私人浴室，而非公共澡堂，实际上根本不存在这样的社会职业，蒋逸霄的文章清楚地说明了现实的情况。其实这也是绘画与摄影的区别，“插图暗示了理想化，而照片则意味着现实”[②]。

从这种暧昧的男性“理想”出发，曹涵美尽管表现了社会各个阶层广泛的职业女性，而且其中大部分都属于城市下层女性，但从插画中很难看出作者的情感取向，事实上对他而言，所有女性具备同等“被看”的价值，她们的身体、性别被突出，而社会阶级内涵却被取消，因而拉平了这些身

① “女子三百六十行之八十七：做洋机生活”，《北洋画报》第9卷第412期，1929年12月17日。

② ［美］卡罗琳·凯奇：《杂志封面女郎》，曾妮译，天津人民出版社2006年，第165页。

份、地位各不相同的职业女性的意义，使得她们被等量齐观。蒋逸霄貌似客观的调查采访却表达了更多的感性色彩，她往往用对话或独白的形式直接记录女性当事人的口述内容，具有第一手材料的客观性质，但无论图片还是文字，都体现了丰富的情感内涵。蒋逸霄表现出的对城市弱势女性的深切同情，除了她本人的女性立场，还与《大公报》的办刊性质有关，作为一份社会综合日报，它对天津下层女性的关注持久而全面，而《北洋画报》中产阶级摄影画报的定位注定它的目光主要投向城市中上层女性，尤其体现在封面上，即便在内页表现下层职业女性，也像曹涵美的插画一样，更多是展示其感官色彩和消费价值。

3. 现代职业女性的“家庭”危机

同样是记录城市职业女性，《北洋画报》职业封面女郎与“三百六十行”插画、《津市职业的妇女生活》均有区别。特别是后者，蒋逸霄出于个人的经历和感同身受，在采访中深入到新式职业女性在社会上的种种无奈。而这些材料与《北洋画报》封面女郎的光鲜外表恰成对比，可看作是对后者的补充说明，极大地丰富和深化了现代职业女性的面影。除了在封面上强调现代女性的职业身份，《北洋画报》的某些封面还暗示了职业女性的另一重主要活动空间——家庭。1931年林素珊的封面照片表明，她“为前河北教育厅秘书，现任北平大学编辑”[①]，是一位典型的职业女性，但同时，封面说明又强调她是“文学家焦菊隐新婚夫人”，刊发的正是林素珊和焦菊隐的婚纱照。这样就涉及职业与家庭的现代关系，但《北洋画报》突出的是“新女性”平衡事业和婚姻的完美能力，她们看起来事业有成，家庭美满。而《津市职业的妇女生活》在谈论此类话题时，却表现了现代职业女

---

① 《北洋画报》第13卷第615期，1931年4月23日。

性的“危机”——“她们不可避免面对双重主体身份的矛盾——工作繁忙和家庭负担往往使她们苦不堪言。”[1]正如教育局的女职员所说：“一个已出嫁的女子在外面做事同时还得管理家政，比男子多了一重任务，在形体上精神上所感到的困疲，可以不言而知。”[2]可见在双重压力之下，遭遇“危机”的职业女性其实步履艰难。陈东原认为，这造成了两种社会现象，一是女子“认职业为不愉快”，二是晚婚甚至不婚。[3]蒋逸霄本人就属于后者，因为及早有此预见，索性抱定单身，一心忙于事业。

但是，所谓事业的成功也是可疑的。蒋逸霄是南开大学首届女毕业生，任教于天津中山中学，后担任校长，并兼任天津《大公报》记者。她看似取得了完全的成功，经济独立，精神自足，有着受人尊重的体面职业，被戏称为“蒋女王”。然而，不过一年多，她因中山中学根基不稳，资金难以周转，欠了曹锟夫人的股票无法还上，“以负债被拘，陷于囹圄，信用上不能毫无损失，亦一遗憾也”[4]。但蒋逸霄已经算幸运的了，即使被拘于习艺所中，还能托朋友卖稿，并未失去自立的能力。另一位天津职业女性，慈惠女校高二教员王承泰，因家庭逼迫而自杀身亡的轰动事件，更能体现当时职业女性的“脆弱”。王承泰在一般的夫妻关系外，还陷入另一常见的家庭危机——婆媳问题。“王在校授课，本已甚累，归后犹须洗衣做饭，入夜则为婆母烧烟，居恒至夜半始寝。其日常生活之苦，有过于牛马者。”[5]这并非个案，在当时的报刊媒体上，此类悲剧时有发生。由此可见，蒋逸霄

① 侯杰、曾秋云：《二十世纪二三十年代天津女性生活解读》，《南方论丛》2006年6月。

② 《教育局的女职员》，天津《大公报》1930年5月3日。

③ 陈东原：《中国妇女生活史》，上海商务印书馆1937年，第398页。

④ 白藕：《习艺所中之蒋逸霄》，《北洋画报》第16卷第790期，1932年6月11日。

⑤ 大白：《王承泰自杀别记》，《北洋画报》第22卷第1079期，1934年4月24日。

希冀女子由职业平等而经济独立，并进而获得解放，只不过是一种理想，《北洋画报》虽以职业封面女郎干练自立的形象树立了这种理想，但内页报道及其他报纸的相关新闻分明已经打破了这一表面的和谐。在整个社会环境没有得到根本改善之前，现代职业女性只能是“戴着脚镣跳舞”。

而且民国时期女子职业运动的发展受外力的影响很大，即以《北洋画报》而言，很早就开始提倡女子职业，1930年代前期更是不遗余力，但不久，一股新的要求女人“回归家庭”的潮流兴起。有作者利用鲁迅广为人知的“帮忙”和“帮闲”之说，把职业女性看作社会“帮闲”，言辞相当刻薄。[①]这种要求职业女子回归家庭的呼吁并非“心血来潮”，而是具有相当的普遍性。1933年5月2日，《北洋画报》刊登漫画《我们的天职》，图片以一只下蛋的母鸡与一位怀孕并带着小孩的妇女并置，表明女性的天职是做母亲并抚育孩子。如果说这种观点与“国难”中对女性回归传统形象的期盼相一致的话，那么1936年《到家庭去》一文则表明了男性的另一种心理，作者认为对于全球经济恐慌，职业妇女应负一部分责任，因为她们使得竞争加剧，男性更难以生存，因此主张女性回到家庭去。事实上，妇女新生活运动的开展也为这种思潮提供了官方支持：“现在国家正在从事复兴大业，男子们都已气象蓬勃的起来奋斗，占民族百分之五十的妇女，也要起来担负复兴民族的任务，而且有一件特别重要的工作等着她们去做，就是教导她们的儿女，作为复兴民族的中坚。”[②]这一主张1937年再次被强调——“结婚是女子最好的职业”，而且进一步把“女子职业的勃兴”归结为“给予这社会一种奇异艳丽的点缀，也给予女子一个有利的帮助”，即增加结识结婚对象的机会。[③]自

① 左右：《帮闲的妇女与帮忙的妇女》，《北洋画报》第13卷第640期，1933年6月1日。

② 熊式辉：《妇女生活之改进问题》，《民国二十四年全国新生活运动》，南昌新生活运动促进总会1935年，第98页。

③ 易：《女子职业》，《北洋画报》第31卷第1514期，1937年2月6日。

此，女子职业的意义已经被“解构”干净，在《北洋画报》等报刊媒体男性话语的言论中，女性又从“职场”回到了“家庭”。

结 语

从大体上说，《北洋画报》的封面女郎有一个从理想形象到平实形象的变化过程，反映到具体的社会特征和个人特征上，就是早期的女郎多风头十足的明星，包括电影明星、交际明星和戏剧明星，随后转向对女学生及女运动员的热衷。但1930年代起，越来越多的普通城市女性出现在封面上，她们相对家常的样貌和打扮，与明星、名媛的华丽影像形成鲜明对比。如果说后者提供了一系列梦幻的都市女性形象，制造的是吸引女读者努力向其靠拢的“时尚”，具有超现实的魅力，那么封面的普通女郎可以让读者把自己想象成她们其中的一个——事实上，也的确是她们其中的一个。这些仿效明星穿着打扮的普通女郎，正是“时尚”由上而下的接受者和传播者，使之“流行”开来，成为日常生活的一部分。而其中的普通职业女性，不仅反映了社会转型时期天津女子职业传统与现代纠缠的复杂面貌，也表明现代职业女性在面对“家庭”危机时，往往脆弱不堪。因此，希冀女子由职业平等而经济独立，进而获得解放，在当时不过是一种理想。

《北洋画报》与北伐后的“天津”想象

1928年6月，北伐基本完成之后，整个国家的发展重心迅速转移到南方，平津地位一落千丈。“直隶省”改为“河北省”，已经从字面上隐喻天津昔日重要地位的失落，“自迁都而后，天津已失其过去重要之地位，外省侨居此地者，纷纷他去，人口已形减少，观于各处招租房屋招贴之多，可以想见”[①]，而且经济、教育、政务随之迅速滑落，相反南方的宁沪却在新政府人力财力的大力支持下快速发展，“直有幽明异地死活殊途之感”[②]，这些都造成了平津地区普遍的落寞，与此相应的是，市民中的“怀旧”情绪高涨。但同时，这也是天津摆脱对北京的“隶属”地位，寻求独立发展的最好时机。作为一个现代都市，天津仍在不断发展和完善之中，劝业场、交通旅馆等大型标志性建筑纷纷开业，新闻报界和文化界进入活跃时期，新的政治局面刚开始也给天津带来了稳定和发展的希望。正是在这种失望与希望交织的复杂心态中，天津进入一个新的历史阶段，开始城市新身份及其现状、前途的探索。而天津人刘云若入主《北洋画报》恰逢其时[③]，《北洋画报》对“天津”的关注大大超过以往，表现出本土文化转型的趋

① 记者：《天津电影业之危机》，《北洋画报》第7卷第319期，1929年5月16日。
② 《南北气象不同》，天津《大公报》1928年12月11日。
③ 刘云若主编《北洋画报》的时间大致为1928年7月至1930年4月。

势。《北洋画报》“时事传播”的重心也转向天津本埠新闻，出现了图像天津和想象天津的高潮。

一 “天津现况写真”

在对天津的想象与表达中，摄影图片充当了最为重要的角色。1928年12月1日，《北洋画报》举办“本报第十次征求象征天津照片”，“专征求足以切实象征整个天津市的照片。不论其为人物名胜均可，但必须具有天津特殊色彩，以一片而能代表整个的天津市者为合格。应征者并须附寄理由书”。这是《北洋画报》读者征集活动传统的延续，刘云若办过三次，比起1926年7月至1928年7月间的八次征集，数量并不算多。但是，其中两次都与天津有关，这在《北洋画报》历史上绝无仅有。虽然这次征求并没有像以前一样列出中选名单，但自此，象征天津的影像源源不断，又可以说是《北洋画报》持续时间最长的征集活动。

12月8日，征求刚刚启动，《北洋画报》就顺势推出由本报记者摄影的“天津现况写真”（见图18），颇有示范作用：“我们要使市民认识我们的特别市，所以要把天津现况写真贡献于读者之前。”这是一次对天津的重新认识，其目的是清晰而自觉的——它是一个具有“特殊色彩”的“特别市”，而不再是“上海化”或“北京门户”的天津。“写真”包括三张照片，分别是“天津金钢桥头之反日标语”“天津市民开会之所——河北公园”和“天津河北大经路旁冰中辟道摆渡而过”，旁边附有文字说明：“反日风潮剧烈，所以有金钢桥头的标语。当日直鲁军牧马的公园，还给了市民，所以有‘天下为公’‘世界大同’的对联。天气寒了，河冻了，然而薄冰不可履，仍须摆渡而涉，所以舟人凿冰以利舟行。”这段文字并不具有逻辑性和整体感，只是把三张图片的说明“组装”在一起，但它实际上涵盖了“天津现况”的三个主要面向，编者看似随意的

友樂鹿圖〔福田宏一·鄭孝胥·西島醫·鄭公子垂〕立厂贈刊

The famous scholar Cheng Hsiao-Shu standing between the two Japanese, when visiting in Japan.

停留天津東局子飛行場上之廣州號飛機正背兩面攝影

北洋攝影會會員羅大愚攝

The back and front views of the airplane "Canton" at the flying ground near the East Arsenal, Tientsin.

如是我聞

天津金鋼橋頭之反日標語

本報記者攝

Anti-Japanese posters hanging across the Diawood Bridge, Tientsin.

天津市民開會之所——河北公園

本報記者攝

"The park for people," Tientsin.

逃會長

徐志摩夫人陸小曼近影

Wife of the poet, Mr. Hsu Tzu-Mo.

天津河北大經路旁冰中開道擺渡而過

本報記者攝

A navigable "Stream" across a frozen river, Tientsin.

天津聖若瑟女校本年各級最優等學生合影　鍾永贈刊

The students of honour for 1928, St. Josepho's School, Tientsin.

十七年十二月八日　(2)　星期六　第二百五十四期

图18　天津现况写真（1928年12月8日，6卷254期）

选择显示了关注天津的重点和线索。三张图片都是人景结合，但人物位置的不同，却给读者带来不同的注意焦点和观看效果。第一张图片中的人物只占据右下侧的一角，金钢桥处于图片的中心。它于1924年修成，上方“打倒日本帝国主义”标语和“三民主义”的巨大牌楼使得这座北洋政府时代的著名钢桥旧貌换新颜，并且后者更为突出、醒目，这显然是北伐胜利的直接产物。而河北公园看起来人流量更大，记者以对公园门口及前方人流走动的抓拍，营造出一种人来人往、络绎不绝的动态观感，这与图片的主题“天津市民开会之所”相得益彰。昔日军阀牧马的地方，现在成了市民集会的公共场所，这既是时局变动给天津带来的积极改变，也是城市新身份引发的连锁反应，市民逐渐意识到自己的权利，要求发出自己的声音。天寒河冻下的摆渡照片更多是一种气氛的营造，渡船上的人物因为中规中矩的中远景而成为画面意境的一部分，并不具备独立的意义。这是一幅颇具地方特色的照片，照片的背景也不再是现代化建筑，而是低矮古旧的天津民居。渡船和金钢桥恰好相映成趣，作为密切相关却又截然不同的日常生活方式，表明传统与现代的奇妙混合，而且金钢桥沟通大经路和海河对岸，两者在同一河段。“天津现况写真”反映了当时天津复杂的城市面貌，历史和现况、城市与市民、传统和现代彼此纠结，而“写真”表明记者和编者用摄影图片记录天津的自觉，这也是对读者有意识的引导，表明记录的“直观性”和“真实性”，这正是后者认知的基础。同时，它又像一个引子，城市建设、市民活动、地方风情成为《北洋画报》接下来的天津影像的主要类别。

关于城市建设的照片为数最多，它们大多表明了南京国民政府统一初期天津市民中一种普遍的乐观情绪——这正是“天津现况写真”前两幅照片所流露出来的，并以此来重新审视天津。比如“天津法界各马路口新设之指挥灯”“天津市警察之新装束”，其关键词为“新”，尽管只是些城市细节，但以小见大，体现了城市的新兴事物及发展的深入。当然，这同时也是在表明立场，像大多数北方舆论一样，《北洋画报》对南方北伐经历了从贬斥到欢迎的急剧转变，而且它与张学良的关系人所共知，时局转变后更需审时度势，以求得生存和发展。“天津鸟瞰”图——“日本租界及最高建筑：中原公司”[①]和“英中街花园戈登堂工部局”[②]（见图19），则透露出天津社会更为复杂的矛盾情结。它们是空中摄影，以航拍的方式呈现了天津日租界与英租界中街花园的全貌，并重点突出中原公司和戈登堂，其选择是经过精心设计的，分别是天津商业繁荣和历史地位的缩影。1920年代中后期，天津租界发展迅速，日租界旭街和法租界梨栈一带先后形成了新的商业中心。中原公司即位于旭街，1928年元旦开业，很快成为天津最受市民欢迎的娱乐和消费场所，号称“天津第一高楼”。图片中的中原公司一枝独秀，矗立在照片中央。而戈登堂又是另一番景象，图片看起来优美静谧，它具有英租界市政厅和上流社会公共娱乐场所的双重身份，而且与李鸿章、德璀琳有深厚的历史渊源，象征着天津从晚清以来的重要政治外交地位。表面上看来，两张图片都以天津的标志性建筑，强化市民读者对城市的整体印象，使得“标准化”和“美化”[③]的城市形象的生产和传播成为可能。但不难看出，它们实际上代表着北伐前天津的繁盛与尊荣，正如当时一位英国侨民所说：“戈登堂曾经是英租界的荣耀，而今看上去就像是一座正在凋零的纪念碑。”[④]在不得不接受南方胜利的现实、并作出有利于切身利益的反应的同时，这种间接或直接的“怀旧”也在天津市民社

① 《北洋画报》第7卷第334期，1929年6月20日。
② 《北洋画报》第7卷第338期，1929年6月29日。
③ ［美］苏珊·桑塔格：《论摄影》，艾红华、毛建雄译，湖南美术出版社1999年，第101页。
④ ［英］布莱恩·鲍尔：《租界生活1918—1936——一个英国人在天津的童年》，刘国强译，天津人民出版社2007年，第141页。

天津鳥瞰其二（空中照相）『英中街花園戈登堂工部局』（永川贈）
Aerial view of a part of Tientsin—The Public Garden and the Gordon Hall, British Concession.

图19　戈登堂（1929年6月29日，7卷338期）

会中普遍存在。

市民活动是天津影像的另一重要内容。天津市民在这一时期的活跃既是事实——现代市民意识在种种外力刺激下进一步觉醒，又与《北洋画报》的着力表现密不可分。《北洋画报》作为天津流行的大众媒体，积极参与对市民活动的报道和市民形象的塑造，并且它兼有摄影画报的特殊优势，能以大量直观的摄影图片带给读者身临其境的“现场感”，而照片的“真实性”假定也使它比文字看起来要客观中立，往往更容易推广其意识形态标准。考察这一时期《北洋画报》对市民活动的报道，多为群体活动，展示的是一种市民群像。1928年12月底，天津进行全市清洁运动，刘云若及时加以表彰：“人民经此提倡，亦引起公共卫生之观念，……长此以往，此藏垢纳污之天津，将尽变为街明巷净，庶不愧于头上之青天白日乎。”[①]可能觉得光凭文字还不足以说明问题，一周后又刊发市政府参事王敬侯赠送的相关照片“天津市清洁运动之大观”，以强调“新市民”的“新气象”。当然，其中不无配合官方宣传的意思。市民群像的塑造还体现在各种群众仪式上，天津被和平接收之后，双十节、“五三”惨案等作为新的纪念日成为市民生活的一部分。而电车罢工、撤销领事裁判权运动等充满现代抗争意味的群众活动更能显示天津市民的成熟和作为一个群体的不容忽视，摄影记者的表现对象走向“十字街头”，扩大了市民群体的内涵，有利于现代市民意识由上而下的广泛传播和接受。

地方风情图片在天津影像中独具魅力。“冰天雪地中之渔家生活”[②]（见图20），和海河里的摆渡船一样，也是天津传统生活方式的展示。北洋摄影会会员谭林北拍摄的这幅照片，主人公为“万国桥下之用鱼鹰捕鱼者”，冻住的河面、小渔船、排成一列的鱼鹰，画面简单而不单调，非常

---

① 云若：《好漂亮的天津》，《北洋画报》第6卷第260期，1928年12月22日。
② 《北洋画报》第9卷第420期，1930年1月7日。

冰天雪地中之漁家生活『天津萬國橋下之用魚鷹捕魚者』

天津同生照相館譚林北攝。

Fishing under the ice, near the International Bridge, Tientsin.

图20　冰天雪地中之渔家生活（1930年1月7日，9卷420期）

有意境，与之形成鲜明对比的是河岸上的西式建筑，很可能是码头一带的外国商贸公司和货舱——这正是现代天津复杂面貌的某种隐喻。用鱼鹰捕鱼是天津渔民的传统劳作方式，晚清天津竹枝词里就有“鸬鹚（俗名‘鱼鹰’——笔者注）艓子小于萍，贩得鲜回尽入城”[①]，但它在现代都市生活的挤压下已经越来越失去其生存空间及价值。谭林北不知是有意还是无意，使照片带有一种矛盾的美感。这张图片就像画龙点睛之笔，给这一时期“象征天津”的“写真”照片征集画下一个句号。

二 “专页刊”：本埠深度报道

除了画报内容的有意倾斜，刘云若主编时期的《北洋画报》在形式上也作了重要改革，开始大量以专页、专面或专刊、专号即“专页刊”的形式对重要内容作集中全面的报道。这也是这一时期《北洋画报》最为突出的形式革新，刘云若离职后，立刻锐减。在此之前，冯武越对《北洋画报》各版面的内容设计有明确规定，除封面外，二版被设定成“动”的一面，即时事图文，三版为“静”的艺术版面，四版则是连载小说和广告。而且“种类之支配，必以均匀为主，以期能满足各种阅者之希望”，连各类图片刊登的数量都有一定的标准，力求综合、平均。[②]“专页刊”的出现打破了《北洋画报》版式的固定模式和内容编排的均匀原则，它也不像《戏剧专刊》的单一，能够及时对社会方方面面的热点作出反应，灵活自如，又能尽量降低综合性报刊因过于均衡而重点、特色不突出的风险。不到三年间，除去《戏剧专刊》，刘云若出版专页刊达四十余次，充分说明了这一革新的自觉：

---

① 杨映昶：《竹枝词》，张焘辑《津门杂记　卷下》，清刻本1884年，第6页。
② 《编辑者言》，《北洋画报》第1卷第22期，1926年9月18日。

在第五卷里，像杨村石幢专页，杨耐梅专号，菊花专页，昆曲专页，还不过是一种尝试。我们预备在第六卷开始种种新工作，最先要采用渐进的手续，用这一张画报，把一切社会全表现出来，除此之外，凡我们所能见到想到的，全要发挥新的精神，作新的努力。[①]

事实上，“专页刊”也是这一时期表现天津最为重要的形式之一，考虑到大众传播的就近原则和读者接受的接近心理，以及刘云若的天津意识和当时对天津命运的关注，“专页刊”的策划主要以天津本地人物和事件为主。何况“专页刊”的专题一般需要系列照片和深入采访，外地策划将降低效率、增加成本，因此即便是上海电影明星或北平戏剧演员的专题，也是在他们旅津期间进行采访和演出报道。“专页刊”图文结合，文字有时候甚至会超过图片，占据更大篇幅，但这并不能说明它以文字为主，恰恰相反，文字多用来勾连图片，或作补充说明，“由于报道摄影（photojournalism）的出现，文字随着图片而走，而非图随文走”[②]，独家、独到的摄影图片才是其精华所在，也是《北洋画报》在激烈竞争和北方萧条时局下发展壮大的根基。“专页刊”与“天津写真”的零散记录不同，它把相关内容集中在一页或几页甚至整期画报的做法，直接确立了读者的关注焦点，能够迅速引起读者的重视；并且它能就选中的主题作深度报道，甚至是连续追踪报道，从而给读者带来全面、立体的观看印象。就表现对象而言，“天津写真”与“专页刊”对天津的描摹也各有侧重，互为补充。前者多为具有象征意味的单幅照片，题材内容往往

① 记者：《卷首语》，《北洋画报》第6卷第251期，1928年12月1日。
② ［英］约翰·伯格：《看》，刘惠媛译，广西师范大学出版社2007年，第58页。

“以小见大”，侧重于小型的时事新闻摄影和风土人情类的艺术摄影，而后者的专题性质让它把目光投向本埠“大”新闻，包括社会特殊群体、大型文艺活动和现代商业消费的方方面面，充分体现出北伐后天津的城市面貌。

女性形象的消费一向是《北洋画报》的重要卖点。但之前《北洋画报》上的女性群体主要由上海女明星和名媛闺秀组成，北伐后由于地方意识的极大增强，平津女性得到更多关注，并从封面上率先得到体现，平津地区的名媛闺秀、戏剧明星取代了上海电影明星和交际明星的绝对优越地位。这些都是城市中上层女性，制造的是摩登、优美的都市女性范本。与封面女郎不同，女性专页把目光投向了“被侮辱与被损害的”天津女性。这与刘云若的阅历背景有关，他接触过各种城市下层女性，对她们的生存状态相当了解并怀有深切的同情。但刘云若在《北洋画报》上并不止于为她们的命运鸣不平，而是切实探讨她们在现代城市中的合理出路。“天津妇女救济院专页”（见图21）就是聚焦这一社会问题，详细报道妇女救济院的运行现状和社会意义。妇女救济院1929年由新成立的天津妇协创办，用以救助社会上走投无路的女性，包括下等妓女、女伶、女难民以及遭遇婚姻家庭不幸的女子。专页的八幅图片中有四幅均为院中女子的特写，她们穿着简单朴素的旗袍，却是时兴的宽大中袖的样式，神态也都落落大方，表现出健康良好的精神状态，联想到她们的身世，不难看出妇女救济院巨大的积极影响。《妇女救济院参观记》是刘云若唯一署以真名而非“记者”的专页刊采访，可见其重视程度，除了感动于妇女救济院的井然秩序和院中女性的精神面貌，更重要的原因在于它为这些女性提供了切实解决社会生存问题的出路。专页以两幅图片表现了院中刺绣教室上课的情景，这是在小学程度的文化课之外，救济院开设的实用课程之一。“院中教育，趋重职业方面，现分刺绣缝纫理发三班，务使出院之生，皆有经济独立能力，不再为寄生虫”，刘云若为此盛赞“妇女救济院为青天白日旗下津门社会事业之最

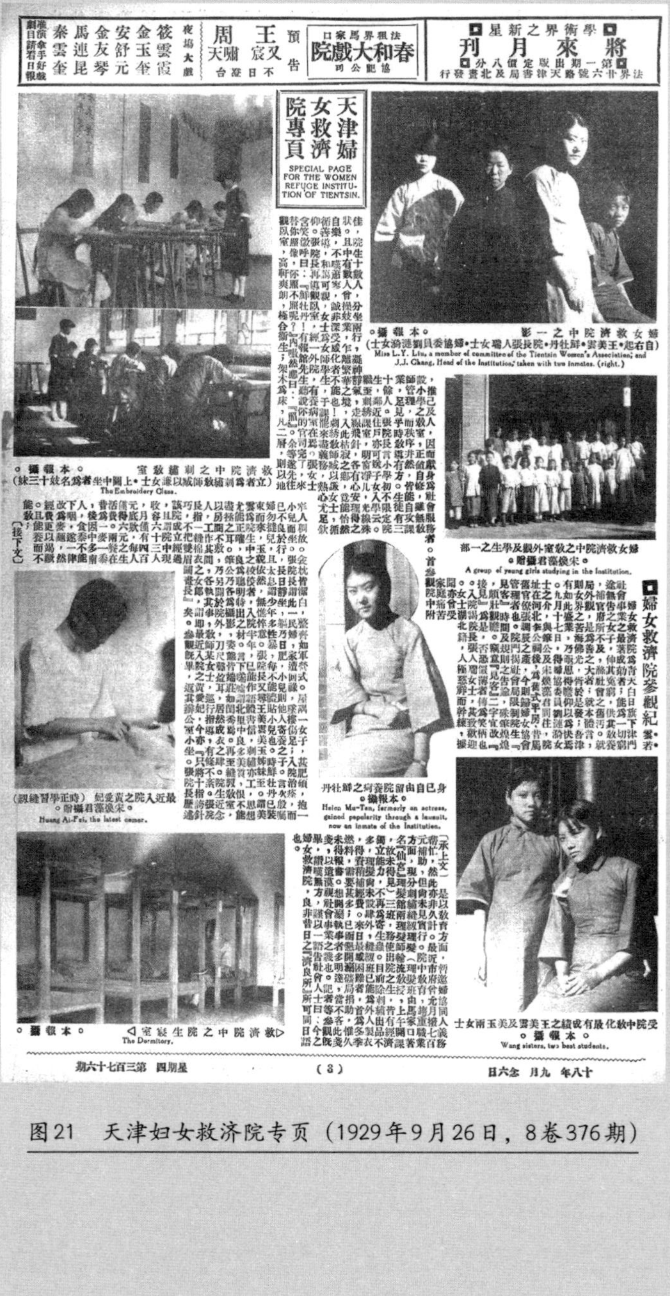

將來月刊

學術界之新星

第一期出版 定價八分

法界廿六號路天津書局及北畫發行

春和大戲院

法租界馬家口

預告

王又宸 周天嘯

天津婦女救濟院專頁

SPECIAL PAGE FOR THE WOMEN REFUGE INSTITUTION OF TIENTSIN.

婦女救濟院中之一影

Miss L.Y. Liu, a member of committee of the Tientsin Women's Association; and J.J. Chang, Head of the Institution, taken with two inmates. (right.)

救濟院中之刺繡教室

The Embroidery Class.

婦女救濟院中之教室外觀及學生之一部

A group of young girls studying in the Institution.

婦女救濟院參觀紀

Huang Ai-Fei, the latest censor.

Helen Ma-Ten, formerly an actress, gained popularity through a lawsuit, now an inmate of the Institution.

救濟院中之院生寢室

The Dormitory.

Wang sisters, two best students.

图21 天津妇女救济院专页（1929年9月26日，8卷376期）

著成效者”。[1]从简陋的济良所[2]到组织完备的妇济院，此类妇女慈善机关的改良成为刘云若对新政府有所期待的重要原因。

天津大型文艺活动的报道占据“专业刊”总数的一半左右，比重最大，包括摄影展、画展等艺术展览，同咏社、城西画会等天津文化社团的活动，以及电影和话剧在津的演出，充分展示了当时天津的文化动态、文化时尚以及文化环境。首先值得注意的是，摄影、电影、话剧等充满活力的新兴城市艺术吸引了越来越多的市民目光。其次，传统艺术门类如戏曲、绘画等仍是天津的主流艺术形态，这从天津主要文艺社团的主题，以及熊佛西率北平大学艺术学院毕业班来津赔钱演出与各类戏剧明星在天津大赚包银的对比可以看出。不过，这些传统艺术已然成为城市独特的商业景观，在天津现代商业经济迅速膨胀和报刊媒体“煽风点火”的背景下，艺术的商业化在所难免。《北洋画报》在“电影明星”“交际明星”的名号之外，别创“戏剧明星”，本来就表明一种商业化、时尚化的噱头，而画展专页也不是纯粹的艺术展览，倒更像个人的卖画广告。当时天津画展盛行，但实际上是一种流行的商业文化，绘画作品往往成为文化商品，“艺术”的含量可能相当低，像青年画家萧松人就直接以本人为卖点，在专页上刊登穿戴奇异长袍帽子、宛若女子的私人照片，制造噱头，以吸引观众和买家，这分明借鉴了现代商业促销的惯用手段。刘云若小说《换巢鸾凤》中的任笑予就是以萧松人为原型，不但批评了这位所谓“革命画家”的不学无术和虚伪做作，而且揭露了当时的普遍现象：“那时一般画家，正盛行着明开展览会，暗作售品所的风气。”[3]

在文化消费之外，《北洋画报》的“专页刊”也热衷于介绍报道天津现

---

① 云若：《妇女救济院参观记》，《北洋画报》第8卷第376期，1929年9月26日。

② 参见《慈善机关》，《居游必携天津快览》，上海世界书局1926年，第40页。

③ 刘云若：《换巢鸾凤》，《北洋画报》第29卷第1404期，1936年5月26日。

代商业消费活动的其他方面，体现出天津市民日常消费的新趋向。这类专页刊比较特殊，介于新闻报道与广告宣传之间，算是一种软文广告。天津市民耳熟能详的娱乐消费场所几乎都在这类专页中露过面，既有西湖别墅、大华饭店、中原公司等老牌名店，也有劝业场、交通旅馆等北伐后新建成的娱乐消费场所，它们均为《北洋画报》的重要广告客户，在广告栏里出现频率极高。另一部分属于市民的健康消费——这在现代都市中日益得到重视，是更为科学和理性的现代消费习惯。它们主要是天津新式的西医诊所，包括“牙齿五官之卫生及模范医室之一斑”和“天津一模范医室之内观”。从标题的“模范”二字可以看出，这类专页带有强烈的主观色彩和价值判断，在为两家医室大做宣传的同时，更重要的是提倡一种健康、理想的现代生活方式和消费观念，专页中的图片给读者展示的也是西医诊所的科学、卫生和规范，而且它们还通过日用常识的普及“曲线救国”，以加强读者的良好印象和对被赋予一系列现代特质的西医的向往，比如在介绍黄林两医室时，先从牙齿五官的卫生谈起，进而呼吁现代市民讲卫生讲科学。“仙宫理发店”这类生活消费也出现在“广告专页”中，它的独到之处在于展示新的理发知识和技术之余，聘请著名漫画家曹涵美绘制了一系列新颖时髦的发型图在《北洋画报》发表，满足城市女性读者追逐时尚的需要的同时，给读者留下“仙宫”等同于“时尚”“摩登”的深刻印象，洞穿了日常消费的流行本质。把这类专页刊称为“软广告”，是要表明它们的“遮遮掩掩”和“伪装”，但它们体现出现代商业与流行文化结合的趋势，而且以“润物细无声”的方式实现了读者和商业上的双赢。画报主要靠广告维持运营和盈利，《北洋画报》的种种扩刊计划之所以难以实现，往往与顾虑广告收入的缩减有关，但是广告版面过分增加又会引发读者的不满和抵制。把广告融入画报，成为主要版面的一部分，同时提供知识和娱乐，满足市民日益增长的消费需求，在1920年代末1930年代初的天津，还是一种新颖有效的形式。

三 “市花”选举：天津前途的缩影

在全面关注天津现状的同时，《北洋画报》也就天津的前途进行了探讨，集中体现在“关于天津的市花”的读者征求活动上。北伐后不久，1928年11月20日，针对南京、北平已选出市花，《北洋画报》宣布征求天津市花：“南京北平既皆已有市花之规定，而我天津尚付缺如，二四四期本报，有王小隐先生曾以个人意见，请定芍药为天津市花，因而引起多人研究之兴趣，本报因即以此问题，征求答案。”市花是城市的文化标志和象征，《北洋画报》此时有意识推出这个问题，本身就体现了对天津变为新特别市的敏感和关切，而且《北洋画报》对市花的选定早有打算，涉及对天津的定位和未来发展的期许。11月15日，王小隐进行了先期造势：“比者南京以兰花为市花矣，北平以菊花为市花矣，而天津一市为东方重镇，华北巨埠，若不速定市花，以资象征，非徒相形见绌，抑且不免简陋。” 他认为市花应是“与其地之人民性质类似之花”“富有意义之花”，并详细论述了选择“芍药”的理由，其中最为关键的是第四条与第五条：

> 芍药之开，多在春残，桃李既谢，夏木初荣，芍药乃通春夏之邮，此与津门沿海之区，常得风气之先，又富保守之性，若合符节；况复婀娜之中，饶有刚健之意，艳冶之外，别具朴素之风，四也。北平既为历史上之都城，而平津密迩，势若陪邑，牡丹既称国花，芍药乃为市艳，两花有相似之点，尤宜以类相从。牡丹既为药品，芍药亦可疗疾，津门工商之区，市花亦稗实用；津门为近海之区，芍药有迎风之韵，芍药为赠别之花，津门绾交

通之枢，五也。[1]

芍药乃天津常见之花，在民间深受喜爱。每年春末夏初，天津人都要到城西大觉庵看芍药，也因此留下大量相关诗词，如“犹忆嫣红映晚霞，东风憔悴曼殊家。此花怪底名婪尾，不过春时不见花。柴门西对水西庄，墙内花枝明夕阳。花本无心风解意，向人吹得十分香。”[2]“大觉庵前野径斜，千畦锦绣灿朝霞。游人漫说丰台好，百亩先开芍药花。”[3]在王小隐看来，芍药与天津的人情地理十分吻合，均兼具开放与保守、婀娜与刚健、艳丽与朴素。在这里，王小隐对天津的把握相当准确，也符合《北洋画报》同人及一般市民的看法。而且第五条理由实际上关涉天津的定位和前途，王小隐顺应时局，抛开政治等其他因素，着重强调天津在工商业方面得天独厚的优越条件——“近海之区”，又是内地的交通枢纽，看好天津作为华北商业中心在新形势下的继续发展，并以此作为新特别市的立足点。这在当时，是符合现实情势和历史发展趋势的，政治、军事优越地位及其带来的特殊利益已然丧失，只有凭借新的相对稳定的历史条件，以及自身的地理位置和工商业积累，取得进一步的城市化发展。出于共同进退的亲密关系，《北洋画报》对新北平的前景也相当关注，何况北平的“复兴”于天津大有好处。但与对天津的考量不同，这些文章大多赞成因地制宜，把北平建成旅游文化城市。“河北主席商震氏，人颇精明，尤能虚怀请教于人。南中某君因公来平，商氏颇表示北平衰落之可惜。某君献议，谓宜整理古迹，广事宣传，吸引外邦人士，来游此地，则地面上以及附带之工商业，必因之渐归兴旺，并举瑞士国之

① 《天津“市花”问题》，《北洋画报》第5卷第244期，1928年11月15日。
② 陈珍：《大觉庵看芍药》，张焘辑《津门杂记　卷下》，清刻本1884年，第3页。
③ 崔旭：《大觉庵看芍药》，张焘辑《津门杂记　卷下》，清刻本1884年，第6页。

惟赖游人立国为例”[1]，“妙观”是冯武越的笔名，他是广东人，文中的“南中某君”，很可能就是他自己。

1929年1月8日，市花答案揭晓，王小隐的文章显然打动了很多市民读者，“蒙阅者纷纷投函，年前已接有百数十件，惟以选举芍药者为最多。芍药前有王小隐君倡之在先，复经众意公选于后，故本报即假定‘芍药为天津市市花’”，并由曹涵美拟出市花图案。紧接着，1月24日，“天津市当局暂定竹为市花”[2]。虽与征求答案相左，但时间间隔如此之近，很可能与《北洋画报》有计划有步骤的大力鼓吹有关，而且竹的选择，也符合王小隐列出的五个条件。

不过，王小隐称：“北平既为历史上之都城，而平津密迩，势若陪邑，牡丹既称国花，芍药乃为市艳，两花有相似之点，尤宜以类相从。”这段话看似有点牵强，北京既已改为北平，不再是国都，天津以芍药与牡丹“以类相从”再无必要，但以“故都”“陪邑”的历史来作为挑选市花的理由，其实是当时普遍的怀旧情绪的体现。正如颜惠庆所说，在天津，由于迁都造成的地位失落，“不少人向往过去，不满现实，怀疑将来”[3]。天津的历史与故都北京纠缠在一起，它被称为“北京的门户”，也是北方最早开放的通商口岸和最大的商埠，历经晚清李鸿章、袁世凯担任直隶总督兼北洋大臣的“前台”时期，和北洋军阀政府的“后台”时期，其重要的政治、军事、外交地位由显而隐，却从未改变。1928年北伐后首都的南迁，给天津带来了巨大影响，更直接引发了《北洋画报》的本土文化转向。同时《北洋画报》对北平的关注也大大超过上海，“平津”构成了最重要的一组城市参照。封面女郎的“变脸”是最为直接的信号。仅以第八卷的五十期

① 妙观：《商震口中之中国式大饭店》，《北洋画报》第7卷第333期，1929年6月18日。
② 《如是我闻》，《北洋画报》第6卷第273期，1929年1月24日。
③ 颜惠庆：《颜惠庆自传》，姚松龄译，台北传记文学出版社1982年，第161页。

（1928年7月29日至11月21日）为例，来自平津的戏剧女明星、女学生和闺秀名媛占据了其中三十期的封面，达百分之六十之多，这在之前是不可想象的。画报首先要以封面吸引读者的注意力，以达到“把杂志卖给读者和把读者卖给广告主”的双重目的，因此“封面宣告了杂志的个性特征、对读者的允诺，同时也宣告了它的目标读者”[①]。封面的大变动预示着《北洋画报》注意力的转向和办刊方向的调整，“平津”无可争议地成为关注的焦点。

关于天津的想象和表达已在上文详细论述，值得注意的还有对“北平”的表述。《北洋画报》上出现了很多有关“故都”的图文，代表作品有冯武越分上中下连载的《故都之行》和《日暮途穷之故都》，以及李尧生的“北平平民生活”系列摄影图片。其实“故都”“旧都”已经暗示其中的微妙心态，时局造成的城市地位的巨大落差造成了市民中普遍的“怀旧”情绪，而且随着南京政府的执政日久，平津市民的失望愈深，早期对新的统一政府的期望很快被南北发展极度不平衡的现实所打破。《日暮途穷之故都》对北平冷清萧条现状的不满与追慕昔日的繁盛互为表里，而“北平平民生活”与迁都前著名画家陈师曾的北京风俗画内容相似，情感内涵却大不相同。李尧生分别选取“卖酸梅汤者”“缝补破鞋者”“看西湖景者”“卖大粽子者”“卖山炭者”“换洋取灯者”等北平街头平民为拍摄对象，街头风景依旧，但风土人情的浓郁趣味不再是表现的重点。这些照片的背景都被尽量忽略，人物得到极大的突出，他们皱褶的脸、破旧的衣裳，以及被重担压弯的身体，都带给读者沉重、疲累的观感，与北京风俗画的鲜明对比很容易触动“怀旧”的心事。

鉴于京津在历史上“一荣俱荣，一损俱损”的密切关系，不难发觉

---

① ［美］卡罗琳·凯奇：《杂志封面女郎》，曾妮译，天津人民出版社2006年，第60—61页。

"故都"其实是天津的另类指涉，它就像一面镜子，最终还得返归自身。1930年在关于天津的影像中，有两张特殊的老照片，均由清末天津摄影师梁时泰所摄取，是中国早期时事摄影的代表作。其一为"庚子前十五年之天津海光寺中之后楼"，"右图为光绪丙戌年醇亲王检阅海军，抵津时驻节之海光寺后楼原景。楼上有乾隆帝宝座及其御笔封联。该楼于庚子年拳乱时毁于兵燹，今海光寺已成日人驻军之所，抚今思昔，能无感慨乎？此片摄于四十四年前，为摄影术最初流入中国时之创作，名贵非凡，不可等闲视之"[①]。另一张是"中国前清之海军旧影"（见图22），"左图为四十四年前光绪丙戌岁，醇亲王抵津，检阅海军时舰队之摄影，悬帅字旗之船，即如今日之旗舰。船首醇亲王中立，原照甚大，尚隐约可辨，缩制铜版，则小不可识矣"[②]。它们属于天津的"前台"时期，当时李鸿章为直隶总督兼北洋大臣，天津在中国的政治、军事、外交上占据着重要而显赫的地位，北洋海军煊赫一时，慈禧太后于1885年特派醇亲王奕譞到天津巡视海军，由梁时泰负责摄影，这些照片因此进入宫廷，照片中的庄严气象正是对今日天津没落景象的无声讽刺。

① 曲：《四十四年前之天津海光寺遗影》，《北洋画报》第9卷第425期，1930年1月18日。

② 《中国前清之海军旧影》，梁时泰摄，《北洋画报》第9卷第430期，1930年2月6日。

◁中國前清之海軍舊影▷ ○梁時泰攝于天津・張劍儒贈刊○

The old Chinese Imperial Navy in Tientsin, about 45 years ago.

图22海军旧影（1930年2月6日，9卷430期）

《北洋画报》上的“梅兰芳游美”

梅兰芳游美是中国现代戏剧史上的大事件，它不光是梅兰芳个人的成就，也是现代中外文化交流史上的一段佳话。对于“五四”以来饱受“新旧”争议的传统戏曲尤其是京剧而言，梅兰芳访美的成功，也在某种意义上进一步确定了其艺术地位。另外，梅兰芳游美在大规模媒体宣传方面开创了一种崭新的模式，使得国内观众能够及时了解梅兰芳在美国的种种情况，而《北洋画报》作为其中有代表性的媒体，以大量图文较为完整地呈现了梅兰芳访美的全部过程。而且，《北洋画报》的相关报道并不是单向度的，它同时也体现了国内舆论对梅兰芳访美事件的态度及批评。因此，以《北洋画报》特别是其《戏剧专刊》来考察“梅兰芳游美”，可以呈现更为丰富和复杂的历史面貌，并且体现了现代戏剧对大众媒体的依赖。

其实在此之前，也屡有伶人赴海外演出，较为成功的有1928年昆曲名旦韩世昌东渡日本演出，梅兰芳自己也于1919年和1924年两次赴日演出。但是，这些海外演出活动的影响与梅兰芳访美不可同日而语，原因在于，首先日本距离较近，两国文化也比较接近，赴日演出相对要容易得多，而欧美当时被视为世界文明的中心，与中国传统文化相当隔膜，梅兰芳毅然赴美，算得上把京剧介绍到欧美的第一人。其次，以前的海外演出，名伶均以个人身份出国，属于营业性质，比如梅兰芳去日本是应东京帝国剧场之邀，专为演戏而去，韩世昌也不例外。而且昆曲在国内早已衰微，除了少数名流士大夫，在普通市民社会中缺乏观众，因此韩世昌去日本尽管有王小隐为之宣传，实际上影响并不大。梅兰芳游美则不同，京剧在国内如日中天，梅兰芳作为其中最为杰出的艺人，深受社会各界喜爱。更重要的是，由于有齐如山等“智囊团”成员的出谋划策及鼎力相助，访美一事筹备时间长达四五年，在各方面都作好了充分准备，并且得到李石曾等政界要人的支持，以“沟通文化的公益的性质”为号召，用中华戏剧学校的名义筹款，因而与普通的私人营业演出有了根本上的区别，据齐如山回忆：“大家公推李石曾、周作民、司徒雷登、钱新之、冯又伟、王绍贤、吴震修诸公为董事，又有黄秋岳、傅泾波诸公帮助，先将戏剧学校开办，再由校中请梅君出国，代为募捐。”[①]这直接造成了梅兰芳出游的浩大声势，1929年12月28日，梅兰芳剧团先从北平到天津，再坐船去上海，从上海起程去日本再转美国，平津沪三地均举办了盛大的欢送会，当地政府要员及社会名流纷纷参加。到达天津后，在《天津商报》叶庸方举办的饯别宴之外，美国大学同学会开了欢送会，到会的有市长崔廷献，以及绅商各界和各国领事。另外，河北省政府还特为设宴，政府全体委员都到了，连北平市政官员也都前来参加。至于上海码头的欢送会更是显要云集，褚民宜、张群、熊式辉、杜月笙、黄金荣、胡适均有到会。[②]由此可见，梅兰芳出游前就在国内博得了极大的关注，可谓万众瞩目，这与韩世昌赴日本前在天津只有王小隐、王缕冰等报界友人为其送行有天壤之别。

梅兰芳访美的空前成功更在于团队宣传的专业化，无论对外还是对内宣传，都具有长期性和集中化的特点，开创了戏剧明星宣传的新模式，充分体现了现代戏剧与大众媒体的共生关系。其实报刊媒体与旦角明星的关系在学界已经得到初步的研究，叶凯蒂认为，清末民初报业的迅速发展推

① 齐如山口述《梅兰芳游美记》，齐香整理，辽宁教育出版社2005年，第13页。
② 参见《梅兰芳游美记》，辽宁教育出版社2005年，第46—47页。

动了以旦角为中心的京剧发展新阶段的形成，并促成了旦角演员的明星化，使之成为现代社会的大众偶像。而在贾佳《梅兰芳的媒体形象——从北平期刊的视角（1928—1937）》一文中，作者承接叶凯蒂的结论，进一步以抗战前的北平期刊为考察对象，探讨了梅兰芳在杂志上所呈现的显赫、丰富又矛盾的艺术形象。这些研究均表明，媒体与戏剧之间的互动关系是一个重要的课题，它对于以艺术或表演为中心的本体研究而言是必不可少的补充。事实上，当时红极一时的旦角明星们都离不开报刊媒体的追捧，他们也深知其重要性，打点媒体关系便成为他们到外地演出时的必修课。1913年秋，梅兰芳随王凤卿第一次去上海演出，首先要拜访报馆，“那时拜客的风气，还没有普遍流行。社会上的所谓‘闻人’和‘大亨’，也没有后来那么多。凤二爷只陪我到几家报馆去拜访过主持《时报》的狄平子、《申报》的史量才、《新闻报》的汪汉溪”[①]。《时报》《申报》和《新闻报》是上海的三大报纸，在上海报界的地位举足轻重。不过如梅兰芳所说，当时报纸剧评的风气还不普遍，观众口耳相传的力量可能更明显。但考察梅兰芳1913至1926年间的六次赴沪演出，报纸媒体在其中所占的地位不断提高，它们通过广告、新闻报道和剧评对梅兰芳的表演及艺术起着越来越重要的推广作用。[②]梅兰芳游美的总策划人齐如山深知这一点，在六七年之前就开始为梅兰芳的对外宣传作准备，除了让热心的留学生与美国报馆通信宣传梅兰芳，还特地花钱请两位美国人经常为报纸写稿，附上梅兰芳的照片。到具体筹备时，更重视即时宣传，准备了大量中英文材料，其中包括一百多篇临时送各报馆宣传的文字，以及几十篇梅兰芳沿路接待新闻记者的谈话稿。到美国之后，梅兰芳每到一地先接见记者，对新闻界的要求也尽量满足，

---

① 梅兰芳述《舞台生活四十年》，许姬传、许源来记，《梅兰芳全集》第一卷，河北教育出版社2001年，第127页。

② 参见王省民《现代传媒视野下的戏曲演出——以梅兰芳1913—1926年来沪演出为考察对象》，《上海戏剧学院学报》2009年第6期。

在外国媒体宣传方面取得了很好的效果，“总之梅君这次在美国的成功，报界的力量很大；可是报纸的效力，完全在他们自动发表的评论和新闻来提倡，若只靠我们自己登广告，那不但花钱太多，效力也就差多了”[①]。

同时，国内宣传也得到充分重视。尽管齐如山在回忆录中一再强调在筹备大致完成之前，他不愿在国内媒体上公开此事，但事实上，早在1920年代初，张謇子就在北京的《公言报》上探讨梅兰芳赴欧美演出的可能。之后在京津两地的报纸上，不断有相关消息出现，这算是梅兰芳游美的早期宣传，具有循序渐进的效果。1927年4月《北洋画报》出版“梅兰芳专号”，其实也是为游美先期造势，“梅兰芳之演剧生活，今日已臻极域。今后所应积极进行者，即为赴美游历一事。此与梅一生事业，大有关系”[②]，并认为梅兰芳在欧美已有一定知名度，赴美必能成功，“欧美报章杂志之谈远东者，竞言梅氏，彼都人士亦咸以一得观听为快。某年驻京美公使回国，于饯别宴上，谓中国文物之美，未为西方所洞晓者，尚有多端，即以歌舞而论，倘得梅兰芳赴美一行，则新大陆人士对于中国，必更有深切之了解。即此可征欧美希望一观梅氏，已成为一普遍的心理，似较东瀛之行，当有益良好之成绩也”[③]。文中提到的美国公使芮恩施饯别宴演说一事，《梅兰芳游美记》有较为详细的记载，被齐如山称为游美的动机所在，可见“梅兰芳专号”的游美鼓吹实为“官方”说法，这从“梅兰芳专号”是由“梅党”重要文人黄秋岳题写也可以看出，他后来还为梅兰芳游美的特制舞台撰写了对联。只不过由于筹备工作特别费时，以至出发时间一再拖延，没有按专号中所说的“今冬或明春之际”成行。《北洋画报》之所以刊行“梅兰芳专号”，除了张謇子作为“梅党”成员的特殊关系外，还因为冯武越的

① 齐如山口述《梅兰芳游美记》，齐香整理，辽宁教育出版社2005年，第134页。
② 聊止：《梅兰芳今后之事业》，《北洋画报》第2卷第81期，1927年4月23日。
③ 记者：《关于梅兰芳游美之近讯》，《北洋画报》第2卷第81期，1927年4月23日。

叔叔冯幼伟，是梅兰芳最重要的支持者，游美筹款，时任中国银行总裁的冯幼伟出力最大。有了这两层关系，就不难说明《北洋画报》于梅兰芳游美期间能抢先一步发布来自美国的报道的原因了，再加上冯武越曾长期游历欧美，交游广阔，因此不断有当地华侨为之供稿，这些报道都具有独家性质，如伍宪子自旧金山寄来的《海外梅花消息》，从一个关心梅剧团的海外华人角度，对承办梅兰芳演出的大中华戏院提出了批评，这些细节丰富了梅剧团的通稿内容。当然，大部分的稿件直接来自梅剧团及相关人员，其中文字通讯多由随团秘书李斐叔撰写，而留守北平的黄秋岳则向《北洋画报》提供了大量梅剧团访美的实况照片。

自1930年1月7日《北洋画报·戏剧专刊》刊发“欢迎名伶梅兰芳赴美专页”起，梅兰芳访美的图文报道便呈“井喷”状态，在五六月间达到高潮。5月3日的“戏剧专刊第一百期纪念号”以梅兰芳在美演《汾河湾》戏装像为封面（见图23），这张照片的特殊之处在于，它是梅兰芳在纽约国家戏院表演时当场用闪光灯所摄，非常精美，而《汾河湾》是最受美国人欢迎的剧目之一。在本期第三页，还另外刊登了六张美国演出照片，包括《刺虎》《虹霓关》《天女散花》的剧照，以及演出时的特制舞台。对国内的读者及戏迷而言，这些照片无疑能“望梅止渴”，使他们得以想象梅兰芳在美国演出的具体形象。在演出报道之外，梅兰芳在美国所受到的盛大欢迎，及其与美国文化艺术界的交往也是《北洋画报》报道的重要内容。李斐叔的通信着重在这一方面，《梅兰芳抵纽约之盛况》《金门梅讯》《新大陆梅讯》《旧金山里之梅畹华》《在檀香山之梅畹华》等系列文章详细记载了梅兰芳在美国各地所造成的热烈氛围，以及当地社会各界对梅兰芳的尊重礼遇，它们往往附有照片，如“梅兰芳与美国戏剧家贝拉斯哥把玩拿破仑约瑟芬合卺杯”[①]，“梅畹

① 《北洋画报》第10卷第477期，1930年5月27日。

图23　梅兰芳（1930年5月3日，10卷467期）

华在群众欢迎声中巡行旧金山全市（与梅同车者为旧金山之市长）”[①]（见图24）。直到7月底梅剧团回国之后，此类照片仍时有刊登，11月1日的梅兰芳杨小楼“合演辽灾义剧特刊”，就完全以梅兰芳为主角，在内页刊发了七张访美照片。直到次年5月30日，仍有“梅兰芳上次出洋时路过檀香山与胡拉舞团之合影”刊登，充分显示了梅兰芳游美话题的持续性。从这些报道也可以看出梅兰芳剧团对内宣传之特点，即文字和图片都力求专业化、统一化，具有“通稿”的性质，当时天津《大公报》《天津商报》，北平的《北京画报》《世界画报》，上海《申报》《新闻报》等也对梅兰芳访美作了大量报道，许多内容与《北洋画报》重合，都是由梅剧团统一提供。这与韩世昌赴日本演出时的“小打小闹”有天壤之别。这些不同地区的同类报道的持续轰炸，使得梅兰芳游美的新闻在国内更广泛地传播，并且被读者消化的信息早已经过精心挑选、编辑，其解释权掌握在齐如山等人的手里。事实上，《梅兰芳游美记》是齐如山回国后对全部信息的一次整合，它和当下的媒体报道一起，决定了以后对“梅兰芳游美”的种种解说。在这一点上，齐如山极有远见，由于他和“梅党”其他成员的共同努力，在媒体宣传上沟通了中美，以及国内最为重要的平津沪三地，使得现代戏剧活动的大规模宣传真正得以实现。梅兰芳访美的巨大成功尽管是事实，但不得不承认，其不容置疑的完整性很大程度上是由宣传报道所建构的。

然而，在宣传的统一话语之外，《北洋画报》也出现了不一样的声音，主要是由冯武越、王小隐等同人发出，他们的批评表明，“梅兰芳游美”并非一团和气，其不足之处同样值得思索。其实齐如山在晚年的回忆录中也对随团成员内部的分裂，以及在美国遭遇的失败有过描述，这些问题直接导致了经济上的亏损，使得在美国筹款以建设国剧的前期努力付诸东流。

---

① 《北洋画报》第10卷第481期，1930年6月5日。

梅畹華在華衆歡迎聲中巡行舊金山全市（與梅同車者爲舊金山之市長）○黃燦錫○秋岳贈刊○

Mr. Mei Lan.Fang welcomed by the crowd when he driving along the streets with the Mayor in San Francisco.

图24　（1930年6月5日，10卷481期）

但是，《梅兰芳游美记》整理于1930年代，由于时间相隔太近，齐如山选择了回避，以顾全大局。在6月10日的《旅美华侨不满意于梅兰芳》和12日的续篇中，冯武越引用旧金山所寄通讯，详细描述了梅兰芳剧团由于与美国华侨社会隔膜，不甚应酬，华侨请演剧为慈善教育筹款之事均遭到拒绝，而导致华侨不满，遭致华界报纸的严厉批评。其中，矛头指向了“惟西人是崇”，包办梅兰芳在美演剧事宜的某些同行之人，其中包括齐如山后来在回忆录中所说的黄子美，“又有一位姓黄的同去，把此事搅了稀溜花拉，他的道德不必谈，在美国出乎法律的事情，就不知有多少。他是发了点小财，可是这样一来，司徒雷登先生再不肯帮助捐款了”[①]。《梅兰芳游美记》里也提到和旧金山《世界日报》主编伍宪子曾有误会。可见《北洋画报》的批评确实是事出有因。但这些都还是“小节”，更大的争议在于，游美到底是梅兰芳个人的胜利，还是中国传统文化的成功？冯武越认为，梅兰芳个人在物质上和精神上都将获得很大成功，但“宣扬文化”的命题却可能名不副实。但他对梅兰芳赴美的文化价值仍有很高期待，“余以为梅氏赴美，所负重任，厥为研究西洋乐剧之组织，与夫剧场之建设管理种种之有为吾国所不及之处，当取长补短，以使国剧日臻于高尚与发达”[②]。

此后，梅兰芳先后获得美国波摩那大学和南加州大学的荣誉博士头衔，既是其荣耀的顶点，也将争论推向了高潮。“梅郎”一跃而为“梅博士”，在国内舆论界引起的轰动可想而知。说到底，即使有梅兰芳这样杰出的艺人，伶人在当时的中国地位仍然不高，为知识界所轻视。而“博士”头衔却颇为时人看重，代表着极高的身份和地位。传统伶人成为“洋博士”，且来得轻而易举，即便是梅兰芳，也叫国人跌破眼镜，之前只有总统徐世昌和著名历

① 齐如山：《齐如山回忆录》，辽宁教育出版社2005年，第154页。
② 乐天：《梅兰芳赴美成败论》，《北洋画报》第10卷第473期，1930年5月17日。

史学家柯凤荪获得过外国大学荣誉文学博士。因此，新闻一出，围绕着“梅博士”起了很大的争议，国内舆论的分化也越发明显，捧的认为是国人之光，贬的以为是国人之耻。其实，波摩那大学决定赠予博士头衔时，在美团员的态度不一已经预示了舆论的分化。当时有人极力反对梅兰芳接受，据齐如山说，不外乎“嫉妒”，自己留美多年还没得博士，梅兰芳演了三个多月的戏就得到了。而齐如山赞同的理由也是针对优伶的实际地位而言：

> 因为政学界人，向来都鄙视唱戏的，平常只管有多好的交情，到了文字，他们就很斟酌了，他绝对不肯弟兄相称。从前都称小友，按小友二字并非坏字眼，可是用坏喽也就坏了，……比方与您最要好的文人，要数樊樊山，但他不肯称您兄弟，也不肯论辈行，也不肯称先生，也不好意思称小友，只好称个“艺士”，但仍不自然。如今您有博士衔，则大家都称博士，又自然又大方，这是我使你接受的本意。[1]

齐如山的设想很快成为现实，在国内媒体上，无论是褒是贬，还是持平之论，都不约而同使用了“梅博士”。这也包括鲁迅后来写的文章——“也还有一点梅兰芳博士和别的名人的问答，但在这里，略之”[2]，“梅兰芳博士，戏中之真正京派也，而其本贯，则为吴下”[3]，其中的“博士”并非褒奖，也成为鲁迅与梅兰芳历史公案的一点佐证。而当时《北洋画报》也就梅兰芳获得博士一事展开了讨论，吴秋尘在《从此博士不称郎》一文中称梅兰芳运气很好，这是天大的荣誉，开伶界之新纪元。而王小隐的《中国剧之艺术地位已确定乎》却认为，即使梅兰芳获得博士荣衔，也只是他个人的成

---

① 齐如山：《齐如山回忆录》，辽宁教育出版社2005年，第155页。
② 鲁迅：《看萧和“看萧的人们”记》，《现代》3卷1期，1933年5月。
③ 栾廷石（鲁迅）：《“京派”和“海派”》，《申报·自由谈》1934年2月3日。

功，与中国剧在世界上的艺术地位毫不相干，因为梅兰芳为迎合美国观众，其剧目与表演都经过很大删改，改变了戏剧的传统程式，并非中国剧的原貌。天津《大公报》的“社评”也持相同意见，这种说法在当时对梅兰芳的批评中很有代表性，并且成为“中立人士”对梅兰芳访美成绩大打折扣的主要理由。其实，当时的旧剧改良已经形成风气，“四大名旦”均竞相排演新戏以号召观众，梅兰芳在改良旧剧时，遵循的是“移步不换形”原则，即在不改变传统戏曲基本特色的前提下，改进其唱腔、唱词、舞蹈、服饰，以及舞台背景，使戏剧不断“美术化”，以满足观众不断发展的视听需求。而梅兰芳的美国演出的改动主要在于，缩短演出时间，每晚演两个小时，分四个片段，如《汾河湾》《青石山》《舞剑》和《刺虎》是常演的节目单之一。另外，在场面上，讲究胡琴与锣鼓相协调，并加入大小忽雷、琵琶阮咸等旧式乐器，使得伴奏高低起伏，不致刺耳嘈杂。这些改动自然是为了照顾不懂中国戏的西方观众，对于第一次面向美国观众的国剧演出而言，其实无可厚非。何况梅兰芳、齐如山在保留传统特色方面作了很多努力，不但带去的头面行头以及舞台装饰都纯为旧式，不带一点时髦的西化色彩，演出剧目也以《汾河湾》《刺虎》等旧剧为主，齐如山为梅兰芳改编的古装新戏反而演得比较少。事实上，恰到好处的新旧结合正是梅兰芳以其表演征服美国观众的重要原因，它证明了“民族的才是世界的”，绝非一味迎合。因此，王小隐等国内媒体的批评看似有理，其实不无求全责备，而这些议论集中在梅兰芳获得博士头衔之后爆发，也反映了舆论界的微妙心理。正如“游丝”所言：“至梅此番赴美，名誉上可称全部成功，美国人对梅之推崇，确为前此所未见。为国争光，梅之力量，殊不为小；持责备论者，似不无稍苛云。”[①]

---

① 游丝：《记某君谈梅事一则》，《北洋画报》第11卷第539期，1930年10月18日。

《北洋画报》与“津派”通俗小说新类型

《北洋画报》于1926年7月7日在天津创刊，1937年7月29日因抗战爆发而终刊，共出版1587期，是北方出版时间最长和出版期数最多的综合性独立画报，堪称北派摄影画报的代表，与上海《良友》构成现代画报的南北双峰。《北洋画报》出版的十一年间，共连载八部长篇通俗小说，无论作家数量，还是作品质量，都可圈可点。其中，社会言情类作品更是开启了天津都市言情小说创作的潮流，使得天津通俗小说的面貌发生深刻变化。1926年7月7日，《北洋画报》在创刊号上推出“喜晴雨轩主”梅健庵的长篇通俗小说《津桥蝶影录》，开了天津通俗社会言情小说采用现实题材、反映都市生活的先例。之后连载的吴秋尘《穷酸们的故事》、李薰风《球场上底蔷薇》、刘云若《换巢鸾凤》都是沿着这一题材继续开掘。《北洋画报》对都市题材的偏爱与它自身的定位有关，同时也是不断发展、成熟的现代都市文化给天津通俗文学带来的新类型。

一

在范伯群主编的《近现代通俗文学史》中，以刘云若为代表的天津通俗小说家被统称为“津派”，成为与“京派”“海派”同样具有城市个性和文化象征的固定词语，是通俗社会言情小说的重要一支。其实早在论述

“都市乡土小说”时，范伯群便指出，描写上海的小说占主体，但同时，以北京和天津为表现对象的也不容忽视：

> 都市乡土小说写北京与天津的都市面容，也是极为出色的。张恨水的《春明外史》，陈慎言的《故都秘录》，叶小凤的《如此京华》，何海鸣的《十丈京尘》，皆是较为优秀的北京都市乡土小说。而刘云若的津门小说脍炙人口，戴愚庵的《沽上游侠传》《沽上英雄谱》等使他成为写天津“混混小说”的专业户，通过他的小说我们可进一步懂得鲁迅杂文中所提及的“青皮精神”。[①]

尽管“都市乡土小说”的提法仍有待商榷，但它注意到以现代都市民风民俗及市民生活为题材的通俗小说的特殊性，给笔者很大启发。这类小说的繁荣与城市的发展进程密切相关，日新月异的现代都市为作者提供了大量素材，他们往往贴近社会热点，敏锐反映时代的变动及其给各层市民带来的影响。“变”是最重要的一个关键词，“这里不仅是物质上的飞跃，而且还有精神上的巨变”，城市“从雏形、兴建、伸展、建成乃至建成以后，它固有的农本主义文化积淀在两种文化冲撞中所激起的浪花；在它的都市现代化系统工程中的丰富多姿的民间民俗生活流变与平民百姓价值取向的演进以及他们心态的波荡，这些动感的图画都应在文学作品中得到充分的反映”。[②]这些小说不光是反映“变”，还要进一步引导“变”，与市民文化具有双向互动的关系。“津派”通俗小说也具有同样的价值。

张元卿在论述“津派”时认为，其“崛起的先声应从1926年开始”[③]，

---

① 范伯群：《论“都市乡土小说”》，《文学评论》2002年第3期。
② 同上。
③ 范伯群主编《中国近现代通俗文学史》，江苏教育出版社2000年，第413页。

《北洋画报》创刊号推出取材于天津现实题材的长篇通俗小说《津桥蝶影录》，以及刘云若由此走上文坛是重要原因①。其实，“津派”的提法是由当代天津作家研究而来。1980年代起天津作家冯骥才、林希等人以其极具地方风味和语言特色的创作引起了文坛的注意和讨论，“津味”小说逐渐成为一个稳定的称谓。王之望的《“津味”：地域文学新家族》是其中有代表性的论文，他认为文学“津味”的特色在于市井味、地方人物群像和“津味”语言。由于题材和风格的相似，再加上刘云若等一批天津作家被发掘，研究者开始用“津味”的历史传承去反观20世纪二三十年代的天津通俗社会小说（被称为“报人小说”），但他们着眼于新时期的“津味”小说，强调的是“新”对“旧”的超越和重建，正如林希本人所说：

> 我想这应该回过头去，看一看过去几位天津报人小说的作者，在写作天津市井小说的过程中所走过的弯路；的确，解放前的天津社会人生，已是有不少的人写出过不少的作品，如果我们愿意放宽一下文学作品这个界定的话，但那些作品并不具备文学品位，也不具有艺术生命力，因而也就从来没有得到过文坛的承认；究其原因，根本的一条，就是那些作品，只向读者展现生活的粗浅现象，而不能创造作家自己的艺术真实。②

这自然含有对通俗文学的强烈偏见，但对通俗文学研究者而言，却获得了别样的启示，由“津味”小说而重新关注现代天津通俗小说创作的流派风格，并最终获得“津派”的历史确认。正如张元卿进一步指出的，通俗文学史上“南派”与“北派”的划分比较笼统，不能体现“北派”内部

---

① 此处有误。刘云若1928年5月才开始为《北洋画报》撰稿。
② 林希：《“味儿”是一种现实》，《文学自由谈》1994年第4期。

的差异性，而以“上海—天津—北京”三个主要城市来划分通俗文学的版图更为合理。他再次强调了一个重要问题，即通俗文学与城市现代性的关系，认为通俗小说的发展与近现代都市的现代化进程密切相关，把通俗小说与都市研究结合起来，能够解决通俗文学的“位置”问题，使之真正融入现代文学史和文化史。但是，在讨论具体的“津派”时，范伯群和张元卿明显都偏向于下层社会的“乡土天津”，“与上海通俗作家对上海的态度不同，天津的通俗作家读解天津时，格外看重的是天津固有的乡土气，神往的是‘二分烟月小扬州’的乡土气象，而非开埠后的‘洋场’气息”[①]。因此，所谓“津派”其实范围相当狭小，仅仅包括刘云若写底层市民的部分小说和戴愚庵、李燃犀等作家的“混混小说”。

事实上，这非但不能涵盖“津派”的全貌，而且与两位研究者论题本身的现代性主旨也有所背离。林希认为，现代写天津的小说“使人们一提起天津味，立即就联想到打架骂街，要么就是吸鸦片，玩妓女，稍微斯文一点的，写到租界地的遗老遗少，也不外就是讨小老婆，霸占民女罢了”[②]。这其中虽有偏见，但它点出了一个重要问题，即“天津味”或者说“天津气派”究竟是什么？市井气十足的混混、下层妓女、底层百姓等固然值得重视，但现代天津绝不止这些特有的世态人情。作为一个“五方杂处”的移民城市、北方最大的通商口岸，二三十年代天津的飞速发展，给天津市民社会带来深刻的影响。到1926年，天津已经完成现代都市所需的基本建设。1928年首都南迁，虽使天津的政治地位下降，但它也因此摆脱了军阀混战，进入平稳发展时期。20世纪二三十年代，天津是与上海南北呼应的摩登都市，充当着北方城市的时尚风向标。1928年中原公司、劝业场等

① 张元卿：《近现代天津与京沪通俗小说论》，http：//www.cct5000.com/news/Disquisition/08yywx/2009/916/0991617331888469.html。

② 林希：《“味儿”是一种现实》，《文学自由谈》1994年第4期。

大型消费、娱乐场所纷纷开业，不仅标志着现代商业的成熟和繁荣，而且带动日租界旭街和法租界梨栈一带成为天津新的商业中心。天津文化事业也在这一时期结出了硕果，1927年春和大戏院和1937年中国大戏院的先后建成，开创了天津剧场的现代化，并使之达到顶峰，戏曲演出因而异常活跃，汇聚一时名角的堂会戏和义务戏也达到鼎盛时期。在大众传媒方面，1926年9月1日起吴鼎昌、胡政之、张季鸾接手《大公报》，使其由安福系的机关报变为面向大众的综合性大报，具有全国性的广泛影响。天津同时拥有“民国四大报”之《大公报》和《益世报》，而且《庸报》《天津商报》在这段时期也非常活跃。同年冯武越成功创办《北洋画报》，更是天津都市文化成熟的产物和繁荣的见证。

因此，对“津味”及“津派”应作更宽泛的理解，它不仅包括“混混儿”“三不管”等市井味浓厚的边缘性天津文化现象，也有天津租界的流行文化，以及从独特的文化背景和文化心理出发，天津市民在城市现代化进程中的“震惊”和自我调适。但后者在“津派”研究中并未得到足够的重视。“津味”确实更多是一种俗文化，但这种“俗”既有传统的市俗，也有现代的通俗，在具体的文化现象中往往纠缠不清。

正是在此背景下，《北洋画报》对现代“津派”小说的发展具有承前启后的重要作用。《北洋画报》对天津通俗文学最大的贡献，在于它不仅推出了天津第一部真正意义上的“都市言情”小说《津桥蝶影录》，而且沿着这条路子，不断有新的作品问世，从此，现代天津作为一个新的中心题材，成为“津派”通俗小说的重要组成部分，为之后刘云若的津门社会言情小说作了必要的积累和准备。之所以使用“都市言情”这个概念，而非通常所说的“社会言情”，在于本节要强调的是，被写进通俗小说的是一个作为现代都市的天津，它的背景多为现代化的场景，人物也是在都市中生存、亮相的形形色色的现代或准现代市民。尽管20世纪二三十年代天津的传统势力依然强大，比不上上海的国际化和摩登，但正是在此过程中传统与现代、乡民与市民的碰撞激荡，特别能说明中国北方城市在现代化进程中的步履蹒跚。比起带有强烈“帝都”色彩的北京，天津无疑更具有代表性。

《津桥蝶影录》以章小松和林雪生的交游为主要线索，描绘了民国初年天津中上层社会的众生相。章林两家原在江苏常州，为世交，小松先来天津，已是成功商人，雪生后离开家乡投奔小松。小松为让雪生多见世面，增加阅历，带他四处交际，由此认识了妓女玉文、绿情，和满人佟石生，这是个有钱又漂亮的人物，多才多艺，吹拉弹唱，无一不精，爱学梅兰芳的青衣戏，以及正派、古板的小官吏李若虚。李是天津头号名流李铁老所办诗社的成员，这个名士堆里有爱出风头的退职官吏沈野农和《独立报》主笔常耳公，后者把女学生如珍哄到天津，当了报社里的女书记，但女记者成名后，却抛弃耳公，搭上佟石生，并设计惩治了耳公，第一集就此结束。小说在第一回开头回顾了天津的近现代城市发展：

> 天津这个地方，在庚子以前，只不过是一个繁盛一点的县治罢了。自从有清咸丰十年，与英国订了续约，开为商埠以来，便与上海广州福州汉口等处，同为中国五大口岸。各国侨商，列省行贾，都荟萃于斯，真个是攘往熙来，旅至为归，一天天繁盛起来，渐渐的改了从前顽固不化鄙陋偏邑的面目，但是地面兴隆，人烟稠密，便难免品类不齐，所以神奸巨猾、硕贾豪商、名士通儒、佳人淑媛，卜居是乡的，亦便不在少数。而况近年朝政日非，时局倏变，在野的政客，眨眨眼便作兴傀儡登场，台上的达官，一刹那也就许掩旗息鼓，五日京兆，房杜代兴。北京是政治中心，天津与北京，相隔一间，有那个怀抱雄心思图大举的，又不想在津沽一水之滨，建设菟裘，上台既可作公余别墅，下野又成为退隐桃源呢。所以天津地面兴隆，居然有一日千里之势了。著者身居是乡，倏将廿载，每日价蝨处人寰，耳闻目见，尽多可

笑可歌之事，瞻前顾后，不无痛哭流涕之怀，姑趁余暇，秉吾秃笔，蛇神牛鬼，取现毫端，至是非臧否，月旦阳秋，却一听诸公了。①

这是一个重要的信号，表明天津作家开始以都市天津为背景，写作社会言情小说，正如作者梅健庵所说："借着天津这个舞台的背景，搬弄我心中想象的人物罢了。"②但作者笔下的天津，不再是传统市井色彩浓厚的底层社会，或充斥政治秘闻的统治阶级，而是着眼于现代都市中的各色市民，他们面对城市发展及社会变迁，已具有不同的日常生活习惯和社会心理。这从主人公章小松的身份设定也可以看出，这位民国时期的现代商人，不但是大学生，而且在天津"已开设了一个大棉纱庄，一个大颜料庄，都是很能致富的生涯，此外还领了一个洋东，做着和记洋行买办"③。不仅如此，《津桥蝶影录》里经常出现轮船、汽车、香烟、波斯顿点心铺奶油蛋糕等新式物件，小说人物讨论的也是新式话题如华英初阶、维他命、营养学等等。

社会言情小说对于天津通俗文坛而言，实为新品种。反观之前的通俗小说创作，赵焕亭乃武侠小说名家，戴愚庵《沽上英雄谱》写津门混混的掌故轶闻，董濯缨《新新外史》演绎袁世凯上台至垮台的一段历史，董荫狐《换形奇谈》则是社会讽刺小说。这些小说虽各有胜场，但其中并无社会言情小说，更没有以当下的都市日常生活为题材的作品。因此《津桥蝶影录》尽管并不完整，仍具有相当重要的开创意义。而《北洋画报》之后的《穷酸们的故事》《球场上底蔷薇》和《换巢鸾凤》都是沿着这一题材继

① 喜晴雨轩主：《津桥蝶影录》，《北洋画报》第1卷第1期，1926年7月7日。
② 《津桥蝶影录著者征求读者意见》，《北洋画报》第1卷第45期，1926年12月11日。
③ 喜晴雨轩主：《津桥蝶影录》，《北洋画报》第1卷第4期，1926年7月17日。

续推进，吴秋尘称："在过去所写两部比较长些的《十年寒窗记》《黄卷青灯录》，写的都是些学生社会的事，也都是在北京写的。现在我要打算换换口味，不再写学生了，地方也想把北平换成天津，至于内容自然也还打不出'穷酸们的故事'的范围。"①可以把《穷酸们的故事》看作作者之前所写学生题材的后传，小知识分子在北平学校毕业后，到天津如何展开职场生活。而《球场上底蔷薇》描写平津摩登青年男女的恋爱故事，《换巢鸾凤》则讲述舞女华慧娜与自杀身亡的池静珠互换身份而牵扯出的感情遭遇，反映的社会情状和言情对象更为广阔和复杂，它们共同丰富了作为"津派"小说重要部分的社会言情小说的面向，且显示了"津派"社会言情的某些主要特色。

"京派近官，海派近商"，在通俗文学界已成定论，范伯群及后来的研究者对北京、上海风味不同的通俗社会小说的论述，都是从这一论点而来。它直接源于1934年"京海之争"中鲁迅的观点："北京是明清的帝都，上海乃各国之租界，帝都多官，租界多商，所以文人在京者近官，没海者近商，近官者在使官者得名，近商者在使商获利，而自己也赖以糊口。要而言之，不过'京派'是官的帮闲，'海派'则是商的帮忙而已。"②这两座特色分明的都市构成了现代文学乃至文化的两极，以至于处于两极之间的天津的都市性被遮蔽，只能从市井中寻求特色。在对现代天津的描述中，这类折中的说法颇有代表性——黄郛夫人沈亦云谈及民国时期三次卜居天津的最大原因时说："天津虽与北京相距不远，亦有很多退隐的大吏在此居家，但官气较少，洋化亦不如上海。"③其实如果换个角度，可以发现亦官亦商的天津对京、沪的庞大影响并非全盘接受，而是形成了自己的文化个

---

① 秋尘：《下一期的小说》，《北洋画报》第11卷第533期，1930年10月4日。
② 栾廷石（鲁迅）：《"京派"与"海派"》，《申报·自由谈》1934年2月3日。
③ 沈亦云：《天津三年》，《天津文史资料选辑》第41辑，天津人民出版社1987年，第185页。

性。这也体现在以都市天津为题材的通俗社会言情小说中，其中“南来北往”的小说模式最为突出，它充分反映出天津独特的文化位置。

二

同为现代移民城市，天津和上海在通俗小说中的反映却大不相同。1894年韩邦庆的《海上花列传》开启了海派通俗小说“乡下人进城”的结构模式，之后孙玉声《海上繁华梦》、包天笑《上海春秋》、毕倚虹《人间地狱》、严独鹤《人海梦》等都涉及外乡人来沪的情节结构。“中国现代通俗小说中将外地人到上海作为‘文字漫游热线’，主要是反映了当时上海这个新兴城市对周边破产农民的吸引力；同时也因为资金投向租界，不受国内政局与战事的影响，所以有许多内地的有钱人挟巨资到上海来落户。”① 但《北洋画报》上的都市言情小说却显示了津派通俗小说的不同模式——“南来北往”。这是由天津的特殊地理位置决定的，它处于京沪之间，是沟通南北的重要交通枢纽，水陆交通相当发达。1926年在招商、开平、太古、怡和四大轮船公司之外，天津还有亨宝洋行、太平洋轮船公司、日本邮船会社、美最时洋行、大阪商船会社等轮船局，它们均设在租界，主要在天津与上海、烟台、广州、香港间来往。②而1911年和1912年京奉铁路和津浦铁路的全线通车，更使得天津成为连接东北、华北和华东地区的枢纽中心。

但“南来北往”不仅是就地理空间而言，也是天津文化位置的生动写照。天津旧称“小扬州”：“十里鱼盐新泽国，二分烟月小扬州。衣冠谁醒繁华梦，江海遥通汗漫游。”③刘云若的《小扬州志》正是由这首诗生发，

---

① 范伯群：《论“都市乡土小说”》，《文学评论》2002年第3期。
② 参见《居游必携天津快览》，上海世界书局1926年，第42—44页。
③ 张问陶：《怀天津旧游》，张焘辑《津门杂记　卷下》，清刻本1884年，第6页。

写天津的风土人情。“小扬州”表明由于南北大运河的勾连，天津与江南文化早在清代就有密切联系，其中不乏日常生活的效仿和吸收：“妆束花销重两餐，南头北脚效时观。家家遍学苏州背，不避旁人后面看。”[①]不过，“南头北脚”透露出天津文化的斑驳状态，在“南来”之外，“北往”也是其重要方面。天津被称为“北京门户”，在原本的军事意义之外，也恰切地说明北京文化氛围对它的渗透和影响，以及两者之间的众多交集。天津在历史上的“前台”“后台”时期，都是相对首都北京而言，可以说津京之间的交流互动历来深入而频繁，且一直持续到现在。这样一个兼具南风北土的天津，形成了特有的驳杂而又和谐的文化形态。

《津桥蝶影录》正是“南来”的故事，开头即写到紫竹林招商局轮船码头的繁忙景象，主人公林雪生乘坐招商局的新铭轮船，由江苏常州经上海来到天津。而《穷酸们的故事》中，金女士也是江浙人，在南京秦淮河畔与黄平沙相识，一路追随到天津。这并非个例，刘云若1940年代的小说《旎婳英雄》，也是由浦津线开启整个故事。“南来”不仅是天津移民的一个重要来源，更代表着南方文化的输入。这在当时的天津妓界得到了突出的体现，“南妓北上”是一种普遍现象，江浙一带妓女最受欢迎，以至许多外地妓女学苏白，冒充苏妓。而妓女是现代文化的一道独特风景，高级妓女承担着传播流行风尚的社会功能，具有特殊的现代意义。在论述清末上海妓女所体现的现代性时，叶凯蒂认为，“上海妓女以她个人的经历代表了中国传统文化商品化与现代化的过程”，“她是上海晚清社会第一代明星，给妇女建立了一种风格，代表着一种特殊形式的独立与自由，一种新型的大都市女性，成为不久之后升起的电影明星的先导者”。[②]当这种风气通过南

---

① 梅宝璐：《竹枝词》，张焘辑《津门杂记　卷下》，清刻本1884年，第6页。

② ［德］叶凯蒂：《清末上海妓女服饰、家具与西洋物质文明的引进》，《学人》第9辑，江苏文艺出版社1996年，第403、401页。

来的江浙妓女在天津高等妓院传播时，也促进了天津妓女文化的现代转型。

《津桥蝶影录》虽非民国“倡门小说”，但多处写到妓院，通过妓院这一视角来“言情”，兼反映社会。这部小说写妓院与清末以《海上花列传》为代表的“近真”一派“狭邪小说”更为接近，作者笔下的天津高等妓班与《海上花列传》的长三堂子颇为相似，是男女社交的合法空间，还具有商界、官场人情往来的社会交际作用，妓女在此，不仅是恋爱对象，也是社交陪伴。在清末民初，“人们心目中的名妓不只是性伴侣，而更是社交陪伴，于是，提供包办婚姻中所没有的各类伴侣关系和选择，也就成了名妓生涯的写照”[①]。之后刘云若等人的小说，不再写高等妓院，转而关注底层娼妓，也是因为男女社交进一步公开，高等妓院失去其特有功能，逐渐衰微。“北伐后，婚姻自主、废妾、离婚才有法律上的保障。恋爱婚姻流行了，写妓院的小说忽然过了时，一扫而空，该不是偶然的巧合。”[②]就这点而言，《津桥蝶影录》在天津社会言情小说中也具有特殊意义。而且，由于在外地的江浙人偏好本帮妓女，小说里多为南妓，涉及与北妓的对比问题，表明南风北来的影响：

> 绿情洗过了脸，又走到镜台前面，重匀脂粉，慢画蛾眉。石生在一边忽然扑哧笑了出来，绿情扭过头来问道：“你这人，天生无不好心，又打我啥主意，阿有啥好笑的呢?”石生道：“我并不是笑你，我是笑一些北方班子里的姑娘，他们画起眉毛来，多一半都是随手抹抹窗户镜子上的灰土，再往眉毛上描，连化装品里的黑油管子，都不晓得买。有的时候，把窗门镜子上的灰土都

---

① ［美］萧贺：《危险的愉悦——20世纪上海的娼妓问题与现代性》，韩敏中、盛宁译，江苏人民出版社2003年，第20页。

② 张爱玲：《国语本〈海上花〉译后记》，《国语海上花列传Ⅱ》，上海古籍出版社1995年，第636页。

抹完了，还要在地板缝里挖出泥灰来，作画眉毛的材料，你说好笑不好笑?”绿情也笑道:“难得你倒处处留神，连他们画眉的法子，也被你学了去了。你看我这黑油管子好不好? 还是在戴春林买的，地地道道巴黎货呢。”①

作者以画眉这一日常装扮，表明北班姑娘学南妓赶时髦，结果“画虎不成反类犬”，不伦不类，贻笑于大方。戴春林是创始于明代崇祯年间的著名老字号扬州香铺，以出售香粉而扬名，有“苏州胭脂扬州粉”的说法，戴春林一直是清代名门闺秀乃至贵族宫闱仕女喜用的化妆品，畅销于南北各大城市。而且它与青楼文化关系密切，扬帮妓女遍于全国，对“戴家香”的传播起了推波助澜的作用。②但由于冒牌“戴春林”的疯狂竞争，戴春林在清末民初已经式微，终至湮没。然而，“戴春林”作为一种都市女性身份和时尚的代名词，仍在继续流传，刘半农在《瓦釜集》里，就把民歌之类的民间文艺比作“清新的野花香”，而与之相对的则是“戴春林的香粉香”和“Coty公司的香水香”。③因此绿情使用在戴春林购买的巴黎眉笔这一细节，折射出多重涵义，以小说写作的年代，已经没有正宗戴春林老店，“戴春林”在此更像一块金字招牌，是特殊身份和女子时尚的象征，表明因佟石生嘲笑北班妓女落伍，绿情急于显摆自己的南妓身份及摩登入时。最重要的是，以小见大，反映出南方时尚在天津社会的广泛影响，而崇尚新奇、不断求变的时髦妓女充当了传播时尚的风向标。日常生活的女性时尚，往往是都市现代性最直接也最显著的体现。作为当时北方最大的商业城市，天津具有极大的开放性和包容性，并以此为基点，不断向其他北

① 喜晴雨轩主:《津桥蝶影录》,《北洋画报》1927年6月25日（第2卷第98期）—6月29日（第2卷第99期）。
② 韦明铧:《二十四桥明月夜》，南京师范大学出版社2005年，第181页。
③ 刘半农:《瓦釜集》，北新书局1926年，第89页。

方城市扩张。

其实，当时各大城市间妓女的流动性很大，上海赫赫有名的林黛玉、祝如椿都到过天津从业。而且上海和天津一样，“妓女的原籍也是决定娼妓业等级的重要因素。书寓和长三妓院的妓女据说主要产自江南城镇，尤其是苏州（有名的美人乡）、无锡、南京、杭州、常州等地”，但是，它反映的是“上海在不断扩大并吸引乡下人到来的现实：在乡村的危机和战乱逼得农民离乡背井时，很多乡下人怀着找到工作的希望来上海闯荡”。[①]这仍属于“外乡人进城”的海派模式，来自周边地区的妓女经过上海的洗礼，与现代化的都市迅速契合，并成为顶尖的时髦人物，是一种炫耀性消费的都市景观。而江南妓女来天津的意义大不一样，虽也有淘金弄钱的因素在内，但对她们身份的强调，更多象征着对南方时尚及文化的接受和崇拜，上海在其间的重要中介作用不言而喻，林黛玉、祝如椿原籍江浙，来天津之前，均已在上海成名。从晚清到民国，海派时尚逐渐取代江南文化，成为天津“南来”风气的最主要源头，这种都市现代性的扩张也体现在妓女这一传统女性群体身上。

“北往”则体现在天津与北京的往来互动上。这种特殊地缘关系源于天然的地理距离，天津距北京不过一百多公里，且1920年代交通已经极为便利，1927年，每天在京津之间往返的火车多达八九趟，且特快列车仅三个小时即可到达。因此在涉及“京津”的小说里，火车这种现代交通工具往往成为重要道具，甚至具有结构性意义，将在下文详细论述。民国初年，“天津”在一位久居租界的外国人眼里，被解作“通往天国的津渡”（the Ford of Heaven），因为它是“旅行者前往‘天国之都’（北京）的必由之路”。[②]“津

① ［美］萧贺：《危险的愉悦——20世纪上海娼妓问题研究》，韩敏中、盛宁译，江苏人民出版社2003年，第20页。

② ［英］布莱恩·鲍尔：《租界生活（1918—1936）——一个英国人在天津的童年》，刘国强译，刘海岩校订，天津人民出版社2007年，第11页。

渡”一词生动呈现了天津在北洋政府时期作为政治“后台”的独特功能。因为紧邻首都，又是北洋军阀的发源地，“下野的政客、军阀和清朝遗老遗少利用天津租界的保护，借助外国势力，策划和发动政变和战争，遥控北京政局”[①]。因此，失意官僚、下野军人、退隐名士是当时天津的几大特产，这与北京为当权派的中心俨然有别。据清末民初著名外交官颜惠庆回忆：

> 天津租界，实为过去执政要人下野后之乐园。其中有退职总统，有卸任国务总理，有下台的内阁总长，有不少曾任行省督军，及统领过大军的军阀。此外还有不少前清遗老，再加上当地富家巨族。至于重要集团，当数闻名的银行家，和工商界的知名人物。各人均拥有巨资，纷纷营造美奂美仑的堂皇住宅，酬酢往来，极尽挥霍。地面虽小，收容的政治派系，形形色色，不一而足。其中有皖系、直系、奉系、旧国会议员，及不属系派份子。莫不各树一帜，活动于自己的小天地内。[②]

其实《津桥蝶影录》开头已经点明这一社会背景。它们同时也指出，这些在任时大捞特捞的官僚军阀们，下野后把天津当作享受的乐园，大肆挥霍，直接促进了天津市面的繁荣。并且不少坐拥巨资的租界寓公，把投资金融和工商业当作退职后的主要收入，颜惠庆就曾出任“北四行”之大陆银行的董事长，还与朋友合作组织过进出口贸易公司，其他公司的参股更不在话下。这种“官”商结合乃至“官”对商的促进也是天津的特色所

---

① 罗文华：《七十二沽花共水》，南京师范大学出版社2007年，第107页。
② 颜惠庆：《颜惠庆自传》，姚松龄译，台北传记文学出版社1982年，第160—161页。

在，《津桥蝶影录》里的沈野农，就是这么一个人物，“这位名叫野农的姓沈，年纪倒有四十多了，胜清时节，也曾做过几任阔差使，入了民国，便在家纳福，每日价只消坐坐汽车，吃吃馆子”[①]。有意思的是，《换巢鸾凤》的主人公任笑予，之所以能在天津开画展，也得益于这班附庸风雅、愿意花钱的下野闲人，“本来天津是通商大埠，居民繁阜，一切艺人在此处最容易生活，……更有一般暴发的财主，退闲的武人，全好附庸风雅，假充内行”[②]。当时天津画展盛行与此不无关系，其实是“明开展览会，暗作售品所”，艺术彻底商业化。任笑予正是钻了这一空子，在北京走正道难以出名，就跑到天津开画展，弄上一些离奇怪诞的作品，在报纸媒体的吹捧下，居然大获成功，全部以高价卖出。

事实上，天津不只是下台政客的乐园，因其商业发达，交通便利，也是北京在任官员们吃喝玩乐、运动联络的宝地，正如《球场上底蔷薇》里秦小姐所说：“跳跃着的人们，从北平到天津，从天津到北平。”[③]可以借用《十丈京尘》中贡济川的外号“礼拜六”来形容这班人——他们往往搭星期六的火车去天津过周末。这与“鸳鸯蝴蝶派”著名期刊《礼拜六》名字的由来有异曲同工之处：“礼拜一礼拜二礼拜三礼拜四礼拜五，人皆从事于职业，惟礼拜六与礼拜日，乃得休暇而读小说。”而且“礼拜六下午之乐事多矣”，可以“往戏园顾曲往酒楼觅醉往平康买笑”，也适合读“轻便有趣”的“礼拜六”派小说。[④]可见“礼拜六”实为娱乐休闲、商业消费的代名词，因此，可以反过来说天津是这班北京阔人的“礼拜六”：

因为在京城里够得上做阔人的人，天津租界上一定都有洋楼

---

① 《津桥蝶影录》，《北洋画报》第1卷第39期，1926年11月20日。
② 《换巢鸾凤》，《北洋画报》第29卷第1412期，1936年6月13日。
③ 《球场上底蔷薇》，《北洋画报》第19卷第934期，1933年5月18日。
④ 钝根：《〈礼拜六〉出版赘言》，《礼拜六》第1期，1914年6月6日。

公馆。一星期内在京办了六天公事，在这些惯于享福的阔人看来，实是为国勤劳，疲乏得不堪了。好容易遇着星期日是放假的日子，可以休息一天，便都不约而同，在星期六搭下午那班火车，全凑合到天津去，表面上说是回天津公馆料理私事，其实却把工夫全用在嫖赌玩耍上。尽星期六那一夜，以夜作昼，吃花酒，叫条子，推牌九，搓麻雀，玩一个大痛快而特痛快，真正是三不管的道儿谁也管不着谁，比不得在京城里有官体拘束着，不能十分任性。①

影响所及，还有阔人的公子小姐。《换巢鸾凤》里的柳拂西是军长之子，他经常去天津游玩，“藉此调剂久居北平的枯燥生活”②。他同冯慧准备结婚时，还特地跑到天津为冯慧置办衣饰和化妆品。天津作为北京达官贵人的娱乐消费场所，也显示了它在时尚方面对北京上流社会的影响。在北方，天津因开风气之先，往往成为其他城市效仿和向往的对象。而且刘云若写北平时，多为公寓、天桥等传统贫民区，背景一转到天津，舞场、高级旅馆、百货公司、电影院纷纷出场，一派五光十色的现代都市景象。

在这类小说中，“火车”往往成为关键的道具。作为一种现代化的象征物，作者不但透过“火车”来表现社会百态，也以此写都市男女恋情。火车对天津而言具有特别意义，1886至1888年，天津修建了全国商埠中最早的火车站，即老龙头火车站，这也是天津步入近代工商业城市的重要标志。何海鸣的《十丈京尘》尽管写的是北京官场，但他对京津之间特殊关联的描写有独到之处，特别是他对京津线火车的妙用，别开生面。贡济川想高升，却进阶无门，他就别出心裁，另辟蹊径，在摸清北京政要在天津都有

① 求幸福斋主（何海鸣）：《十丈京尘》，《半月》3卷7号，1923年12月22日。
② 《换巢鸾凤》，《北洋画报》第25卷第1239期，1935年5月4日。

小公馆之后，便每逢星期六下午，搭乘北京到天津的特快列车，在头等车厢盘桓，与阔人的随从仆役拉关系、套交情，以求得见其主人。就这样，贡济川竟然官运亨通，青云直上。在火车上弄官，当然是北京政府时期京津独有的畸形产物。

北伐完成之后，首都南迁，这等景观已无从得见，但“火车”这一道具，在现代青年男女恋爱中却发挥了越来越重要的作用。《球场上底蔷薇》的恋爱故事从一趟周日由天津开往北平的晚间列车开始，这次发生在青年学生常坐的二等车厢，吕小恭是北平世家子弟，来天津西沽游玩，周末回北平，而伍梨琳为天津闺秀，在北平燕西大学（实际上影射燕京大学）上学，周五回家，周日再去学校，这样一个平津之间的爱情“偶遇”只有通过火车才有可能发生，火车在此不仅是一种现代交通工具，也成为男女社交的公共场合。火车具有独特的空间形式，它能容纳大量形形色色的乘客，是一个开放的具有多种可能性的社会空间，同时又以严格的车厢等级划分为门当户对的青年男女制造了一个相对封闭的交往空间。这样的爱情模式需要多方面的配合，它当然是现代的，都市的现代化发展，不同城市间流动的频繁，尤其是京津这样距离很近而又互补互动的都市文化为它提供了最大的可能。同样的际遇也体现在沪杭快车上，上海通俗小说《海市莺花》（张秋虫）就把男女主人公姚青梧、陈灵鹣安排在火车上巧遇，不过，他们是“外地人返乡”，不若平津之间的平等地位和互动关系。从高等妓院到火车，言情空间的变迁，以及从妓女到女学生，言情对象的转换，都可以窥见20世纪二三十年代天津社会的迅速发展，以及都市言情小说现代质素的增强和成熟。

《换巢鸾凤》则提供了一个更为广阔的火车空间，它不但写京津线的头等车厢，连三等和货车也一并纳入，用以推动小说情节的开展，而且它不像《十丈京尘》和《球场上底蔷薇》侧重于写北京，京津列车仅起到一个工具或引子的功能，《换巢鸾凤》的男女主人公通过火车不断来往于平津两地，从而勾连起两个别有风情的北方都市。研究者认为，刘云若的社会言情小说有一个“出走”的主题[①]，其实仔细考察会发现，其笔下人物出走的方向多为北平，《换巢鸾凤》里舞女华慧娜假死，改名换姓去北平学戏，以重获新生，《红杏出墙记》的林白萍和黎芷华，因婚姻变故，也一前一后去往北平，从而带动后来的整个故事，他们出走的交通工具当然都是火车。《换巢鸾凤》有两处对于火车的描写尤为值得注意，第一次是华慧娜随柳拂西回天津替池静珠殓尸，普通列车无法运送，只能跟着货车把棺材运到北平。明明是凄惨可怖的情景，而且民国时期的货车相当简陋落后，速度又慢，刘云若却把月光下的行车景色写得相当凄美动人，直接促使慧娜和柳拂西的感情迅速升温，顺理成章地展开了两人在爱情上的第一次正面交锋，而慧娜的过于理智、自持也为后来的失恋埋下了引子，这次货车事件可看作整部小说的一大转折点。另一次是冯慧在天津和柳拂西吵翻，情急之下买三等票回北平，在藏污纳垢的三等车厢遭毒贩掉包，结果导致父亲藏毒被抓，她赶去天津搬救兵，却遇上柳拂西和任笑予假扮的女子公然调笑，情节再次翻转。善于运用“巧合”的刘云若通过平津火车时刻表，制造冯慧去而复返这一顺理成章的巧合，可谓匠心独具。这正是现代都市的发展为社会言情小说提供的新灵感、新启发。

为适应题材内容的变迁，《北洋画报》上的都市言情小说在形式上也对传统章回体作了很大变动。《津桥蝶影录》作为开天津社会言情小说先河的作品，并非严格意义上的章回体，作者并未采用回目，而是每期为一个自然段落，明显受到西方小说的启发，自然也没有“欲知后事如何，且听下回分解”之类的套语。到《穷酸们的故事》和《球场上底蔷薇》，在形式上已经很接近新文学作品，连说书语气都一并去掉，给人耳目一新的感觉。

---

① 参见范伯群《插图本中国现代通俗文学史》，北京大学出版社2007年，第461页。

张赣生认为，李薰风的“有些小说受西方小说影响，新文艺味较浓，回目也往往不采用传统的格式，如《球场上底蔷薇》等，这也是抗日战争期间通俗小说作者常用的表现形式”[①]。这表明新的都市题材对通俗小说的表现形式也提出了相应的配套要求，特别是一旦描写对象完全突破传统人群，进入现代都市的广阔天地，肯定会超越以往的套路，采用更适宜表现都市快节奏的新文体。

“艺术形式的变化是社会变化的一面，它以特定的视角反映民族心理的变化和民间情趣的变化”[②]，因此，天津都市言情小说在《北洋画报》上出现，不仅是城市文化发展的必然产物，也体现出现代天津市民读者的新需求。当新鲜的洋派事物以“现代化”的名义纷纷输入，在市民中蔚然成风，旧有的通俗小说类型肯定无法完全满足他们的阅读需要。何况随着20世纪二三十年代天津学校教育的快速发展，培养了一大批新兴的市民读者群体，“1929年天津城区受过包括初等、中等和高等教育的各种学生有25326人，每万人中有265人；而1931年据《第二次中国教育年鉴》的统计，全国每万人中平均有专科以上学校在校学生93人，其中包括天津在内的河北省为137人，在全国为第七位”[③]，单论天津，排名应当更加靠前。他们是《北洋画报》的主要市场目标，均为现代都市文化的忠实消费者。注重时尚的《北洋画报》自然会偏爱都市题材的通俗文学，另一方面，率先推出都市言情小说也表明它对市场变化的敏感和顺应。《北洋画报》上的都市言情小说因而具有重要的社会和历史意义，它为天津通俗文学增添了一个新类型，由于刘云若的才华横溢，进而成为“津派”通俗小说的一大代表。

---

① 张赣生：《民国通俗小说论稿》，重庆出版社1991年，第71页。

② 陈旭麓：《近代中国社会的新陈代谢》，上海社会科学院出版社2006年，第243页。

③ 周俊旗主编《民国天津社会生活史》，天津社会科学出版社2002年，第32页。

摄影画报与现代通俗小说的生产

研究界早已注意到近现代通俗小说创作与报纸期刊的密切关系，在20世纪八九十年代的“津味”小说作家及评论者笔下，民国时期的天津通俗文学作品甚至被直接称为“报人小说”。特别是最近几年，由于通俗文学研究的升温，通俗作家与现代报刊出版的关系得到进一步梳理和讨论，涌现出许多有价值的成果。但是，由于种种原因，画报上的通俗小说未能得到专门研究，而是混同于一般的报刊研究。现代照相铜版画报作为一种特殊载体，与其他报刊有显著区别，主要体现在摄影图片即视觉形象首次占据主导地位，它给读者带来全新的阅读体验的同时，也深刻影响了现代通俗文学的生产。

尤为值得注意的是，20世纪三四十年代，通俗文学的中心从南到北，由上海向平津辐射，“北派”通俗小说后来居上，进入现代通俗文学发展的新高潮。在这股潮流中，画报越来越成为主流的发表园地。1930年7月6日，刘云若主编的《天津商报图画周刊》创刊，以长篇社会言情小说《红杏出墙记》号召读者。《天津商报图画周刊》完全模仿《北洋画报》，可惜格调不高，类似于上海小报型画报，与《北洋画报》不可同日而语，唯有刘云若加盟，通俗小说连载一开始就夺人耳目，大受读者追捧。抗战爆发后，画报更是成为平津通俗小说的主要发表阵地，其中比较重要的有《三六九画报》《天风画报》《立言画报》《一四七画报》《星期六画报》等，均有重要的北派作品连载。可以说三四十年代平津画报培养了一批著名的通俗作家，对于北派通俗文学的发展功不可没。这种不同于以往报刊杂志的新型大众媒体，对现代通俗小说的生产及传播产生了深刻的影响，而《北洋画报》作为这一历史链条的源头之一，对其通俗社会言情小说连载与画报关系的考察自然意义重大。

一 “画报小说”

在论述摄影画报与现代通俗小说生产的关系时，不能不首先提到《球场上底蔷薇》，这是一部非常有趣的作品，集“画报”之大成，可称为“画报小说”。作者不但与时俱进，直接把风行一时的时尚画报写入小说，画报还具有塑造人物、推动情节的重要功能，更重要的是，它为作者提供了观看都市、想象都市的独特方式，甚至小说在整体上与画报具有同构性，读者可以把整部小说看作一本大型画报。事实上，关于报刊版式对文学结构的影响，麦克卢汉已经提示我们：“报纸的版式即它的结构特征，自然被波德莱尔之后的诗人接受过来，以唤起一种无所不包的知觉。……报纸曾经较早地给艺术和诗歌的象征主义和超现实主义以启示，任何人读福楼拜和兰波的作品都可以发现这种影响。如果当作报纸形态去看，乔伊斯的小说《尤利西斯》和艾略特《四重奏》比之前的任何诗歌都更容易赏析。”[①]张勇在论述“时尚杂志与海派文学的生产”时，认为时尚画报的照片或新闻拼贴、作品插图等为新感觉派作家提供了灵感，成为他们结构小说的重要形式。[②]因此，所谓“画报小说”，不仅就题材内容而言，更是指摄影画报在

---

① ［加］马歇尔·麦克卢汉：《理解媒介——论人的延伸》，何道宽译，商务印书馆2000年，第269页。

② 参见张勇：《“摩登主义”文化与文学研究（上海，1927—1937）》，清华大学2007年博士论文。

通俗社会言情小说中所起的结构性功能，以及对小说形态的深刻影响。

《球场上底蔷薇》讲述的是纨绔少年吕小恭和女大学生伍梨琳的爱情纠葛，以及他们各自的社会遭遇与学校生活。天津闺秀伍梨琳是北京燕西大学学生，她周末回家，结识了秦小姐，回校时顺便带她去北京游玩，在火车上遇到同学吕小芳的哥哥吕小恭，因反感吕小恭的纠缠不休，伍梨琳大大戏弄了他一番。吕小恭感情严重受挫，转向其他女性，但均以失败而告终。因妹妹吕小芳的关系，他参与了燕西大学与其宿敌震东女子大学的篮球比赛，担任计时员，并急中生智，化解了燕西女队的危局，使其最终取得胜利。这一举动赢得伍梨琳的好感，在后者的主动下，两人很快恋爱、结婚，故事就结束在婚礼之上。小说在伍梨琳出场之前，先通过众人之口点明她的公众人物身份——画报封面女郎，并为男女主人公的相识埋下了伏笔："你再买几张画报的话，尤其容易寻得，她们小姐的像片，向来都登在画报封面。不但是名女学生，而且是名运动家，画报赐给她的绰号，是什么：'一朵球场上底蔷薇'么?"[①]有意思的是，作者在后文明明白白地指出，小说里的画报就是《北洋画报》，"他认识我，是由一张画报，一张老牌子的北洋画报"[②]。作为20世纪二三十年代北方都市最有代表性的流行画报，李薰风对《北洋画报》的"借用"绝非偶然，具有某种必然性，它既表明《北洋画报》广泛的社会影响，也是北方社会言情小说发展的历史产物，画报不但成为通俗小说发表的重要载体，并且在都市青年男女的日常生活中占据了越来越重要的地位。《球场上底蔷薇》因而颇有意味，在《北洋画报》上连载，表现《北洋画报》，这就形成了报刊媒体与小说文本的"互文"，可以两两对读。

首先是角色的设置，小说明显受《北洋画报》影响。伍梨琳是《北洋

① 《球场上底蔷薇》，《北洋画报》第19卷第918期，1933年4月11日。
② 《球场上底蔷薇》，《北洋画报》第20卷第976期，1933年8月24日。

画报》的封面女郎不算，还把她设定为燕西大学体育健将，擅长各种球类运动。另一重要人物吕小芳，为伍梨琳的同学，也是运动好手。《球场上底蔷薇》连载于1933至1934年，在全国的“体育热”中，《北洋画报》正是女学生及女运动员封面大行其道之时。小说主人公的身份设定显然具有强烈的当下性，这与天津社会言情小说一开始就采用现实题材的方向一致，而且表明它越来越与都市时尚潮流合拍，甚至到了“亲密无间”的地步。与女运动员的风行相适应，社会对于女性的审美趣味也转向“健康美”，《北洋画报》就是在北方大力提倡“健康美”的重要阵地。在《北洋画报》上，这股风潮恰好开始于1933年左右，天津人花木兰当选为青岛“舞后”，编者认为她“要不失为健美”，所以能够当选。《球场上底蔷薇》对女性外貌的描述，看重的也是“健康美”。伍梨琳一出场给读者留下深刻印象，在于她并非传统中国美女，而是胖胖的，“脸皮上薄薄的罩着一层桃红色，短短的短发，黑黑的两只大眼睛，身体非常健美”[①]。由此可见小说与画报高度的同步性，其标题“球场上底蔷薇”本身就是对《北洋画报》封面题目的借用，它已经明示了小说女主人公的种种现代特质，既是球场健将，又像浑身带刺的蔷薇，在爱情面前牢牢把握主动权，让男人吃足苦头，这分明符合一般男性对都市摩登女郎“危险性”的普遍想象，《北洋画报》通过文字、图片尤其是漫画对这一主题反复强调，它几乎成为《北洋画报》想象现代两性关系的固定模式。1932年9月27日徐肇瑞所作漫画《“求钱”与“求爱”》中，在“十字街头”，时装男子像乞丐一样跟在一名摩登女子身后亦步亦趋，求爱与求钱一样，都需要乞讨。有意思的是，作者把女子画得非常高大，而身后的男性却相当矮小，身量不到女人的一半，这是典型的“大女人”和“小男人”，意味着现代都市男女地位的倾斜。同样的还

① 《球场上底蔷薇》，《北洋画报》第19卷第921期，1933年4月18日。

有漫画《“情网”》[1]，“大女人”将“小男人”收入密密实实的网中，让他无处可逃。这正是伍梨琳与吕小恭的爱情模式，从开头的吕被伍戏耍捉弄，到最后求爱成功，其实都由伍梨琳一手掌控，吕小恭不过是被动地接受，毫无招架之功、还手之力。

其次，《北洋画报》为“媒”，显示了照相铜版画报作为都市新兴媒体的现代功能。这里的“媒”既指传统意义上的“媒人”，伍梨琳和吕小恭在火车上意外相识，全靠一张以伍梨琳为封面的《北洋画报》：

> 那少年伸手身上一阵乱掏，不知由什么地方，掏出一张画报来，翻来覆去，不住的瞧。偏巧那画报封面上，一块八寸大的铜版，半身女人美术照像，不是别人，正是伍梨琳。那个版下的一行小字，印的是：“燕西大学校体育明星球场上底蔷薇伍梨琳小姐”。那少年看的是画报里面的二三两版，一四版在外面，所以这封面给秦小姐，看了个清楚。[2]

> “伍小姐，我久仰大名了！今天若不是这张画报，我们还不能认识咧！这张画报，可以说是……”吕小恭的下面，本要说“媒人”二字，可是又一想，太冒昧了，故此说到半截，不敢往下说。[3]

更是谐音双关，指现代大众媒介（Medium）。根据《关键词》一书，“Medium”源自拉丁文，意指中间，最迟从17世纪初起，具有“中介机构”或“中间物”的意涵。而随着出版物的兴盛，报纸逐渐成为一种主要

---

① 亚夫：《“情网”》，《北洋画报》第21卷第1017期，1933年11月28日。
② 《球场上底蔷薇》，《北洋画报》第19卷第930期，1933年5月9日。
③ 《球场上底蔷薇》，《北洋画报》第19卷第931期，1933年5月11日。

的广告宣传的媒介（Medium），也因而出现其复数名词“Media”（媒体）。[①]所以尽管封面女郎伍梨琳与读者吕小恭的相遇，已经与传统媒人的说合“形似神不似”，有本质上的差别，但就“中介”作用而言，却可以说是“异曲同工”。画报通过照片的大量复制使得某一类都市女性公众化，进入公众视野——“现在的女学生，差不多在画报上一登像片，提起来谁都知道”[②]，从而成为青年男性未曾谋面却“久仰大名”的“大众情人”，“技术复制还可以将原型的摹本置入原型本身无法达到的境地，尤其是它为原型创造出——无论是以照片还是唱片的形式——便于大家欣赏的可能性”[③]。一旦时机成熟，对复制品的占有当然会转向追逐原型。随着女学生及普通摩登女性代替高不可攀的女明星，竞相成为《北洋画报》的封面女郎，这无疑为都市青年男女制造了大量机遇。当然，这也表明有钱有闲的时髦青年是《北洋画报》的重要读者群，吕小恭在火车上看《北洋画报》，看得津津有味，同一张画报到了伍梨琳和秦小姐手里，同样爱不释手。

《球场上底蔷薇》对平津的都市想象，也源于以《北洋画报》为代表的北方摄影画报。“照片的魅力，它们吸引我们的地方就在于，有时而且同时为我们提供了一种与世界的鉴赏式的关系，以及一种对世界全盘接受的关系”[④]，这意味着，“画报小说”所呈现的都市景观不但是画报惯常的表现对象，而且它呈现的方式也与摄影相似，是一种浮光掠影的“照相式观看”，任何事物都是被鉴赏的对象，而且不同事物的意义被拉平，对其等量齐观。因此，小说背景从天津到北平，列举了一大串《北洋画报》读者耳

---

① ［英］雷蒙·威廉斯：《关键词》，刘建基译，北京三联书店2005年，第299页。
② 《球场上底蔷薇》，《北洋画报》第19卷第918期，1933年4月11日。
③ ［德］瓦尔特·本雅明：《技术复制时代的艺术作品》，胡不适译，浙江文艺出版社2005年，第90页。
④ ［美］苏珊·桑塔格：《论摄影》，艾红华、毛建雄译，湖南美术出版社1999年，第97页。

熟能详的活动空间，天津法租界花园、西沽、冷香室、老龙头火车站，以及北平的电话旅馆、中山公园、燕西大学等等——它们经常出现在《北洋画报》的图片中。还有“花蝴蝶”一般穿插于其间的名媛闺秀、摩登女学生，作者的重点当然在她们的服饰和身体上，伍梨琳、秦小姐、吕小芳的每一次换装都被详细描写，特别是女运动员穿球衣的场景，写得相当肉感。这正是画报所展示的女性形象，当立体的人物变成平面的照片，只能通过衣饰装扮来获得差别，确认自我的存在，“时装”对于现代女性的意义也在于此。无论《北洋画报》还是小说，表现的都是充斥着享乐、流言和陷阱的“欲望都市”，而且它们具备同等的“展览价值”，即便写到孟小冬唱戏，也是从侧面关注她与梅兰芳的绯闻，“你想孟小冬一连几年不出台，忽然她和梅兰芳又决裂了，出台照常唱戏，听戏的人久别重逢，谁不都想听一听？”[①]读者如同观看“西洋景”，一幅幅照片不断从眼前滑过，眼花缭乱，拼接成一个不太紧凑的轻巧故事。本雅明在比较绘画与电影产生的不同观感时说：“（绘画）邀请欣赏者静想玄观；在画布前，欣赏者可以神思八极。而在电影画面前，他却不能如此。一个画面还未看清就已经过去，不可能紧盯着它细细观看。……确实，观看电影画面时，人的联想活动立即就被画面的变化所打断。”[②]这也可以用来比较传统小说与“画报小说”，正如吕小恭用《北洋画报》打发坐火车的无聊时光，“画报小说”也是“在消遣中接受”的都市读物。如果说画报是“软性读物中最软的一种”，那么“画报小说”就是“软性”的通俗社会言情小说，是一种“轻”得不能再轻的都市文学。

因此读《球场上底蔷薇》，如同翻阅一本大型画报，读者可以把伍梨琳的出场看作画报封面，之后青年男女都市漫游带动的一连串故事是画报的

---

① 《球场上底蔷薇》，《北洋画报》第22卷第1062期，1934年3月15日。
② ［德］瓦尔特·本雅明：《技术复制时代的艺术作品》，第150—151页。

内容。《北洋画报》的忠实读者，能够轻而易举地从小说中指认出《北洋画报》的种种影子，它从题材内容、结构模式，以及表述方式，都与《北洋画报》有不解之缘。甚至《球场上底蔷薇》与《北洋画报》给读者的整体印象，也如出一辙，刘云若说："至于本报的美，人多比做妙曼女郎。"[①]并以"花团锦簇"的女郎照片作为直接对应物，而小说当然也符合"妙曼女郎"的总体特质。张赣生称《球场上底蔷薇》"受西方小说影响，新文艺味较浓"[②]，看到了它与天津一般社会言情小说的差异，但这仍是一部不折不扣的通俗小说，它所体现出来的新的特质，与其说是"新文艺味"，不如当作现代画报的影响所在。

二　形象化的"本埠新闻"

报刊新闻是现代通俗小说材料的重要来源，张蕾把进入现代章回体小说的报刊故事分为"大报新闻""小报轶事"和"杂志笔记"[③]。而张勇"通过分析上海都会小说中所留下的新闻的印记"，探讨1930年代上海本埠新闻与新感觉派、现代派文学之间的关系，认为"前者不只是作家偶尔借用的题材，有时甚至在作品中扮演了结构性的功能"。[④]这拓展了报刊新闻作为小说材料来源的一般论述，启发我们对新闻报道与通俗小说创作的关系作更开放和深入的探讨。

但以上研究者讨论的都是报刊新闻的传统形态，即文字报道，尽管偶

---

① 《美且新》，《北洋画报》第6卷第264期，1929年1月1日。
② 张赣生：《民国通俗小说论稿》，重庆出版社1991年，第71页。
③ 参见《论"故事集缀"型章回体小说》，北京大学2009年博士论文，第24—25页。
④ 张勇：《"摩登主义"文化与文学研究（上海，1927—1937）》，清华大学2007年博士论文，第140页。

尔也会涉及图片，但那是为文字服务的，并不具备独立的地位。而现代画报则提供了大量样式独特的新闻报道——图片新闻，尽管它们也配有文字说明，但“由于报道摄影（photojournalism）的出现，文字随着图片而走，而非图随文走”[①]，图片才是新闻的主体。本小节即从摄影画报特有的本埠图片新闻出发，考察它在天津社会言情小说中出现的形态和功能。图片新闻的大量出现与照相铜版技术的完善密不可分，石印法在清末民初产生了诸如上海《点石斋画报》、北京《菊侪画报》、天津《醒俗画报》等早期画报，石印画报上也有许多时事图画，而且吴友如的笔法已经相当精细，但无论如何，图画在纪实存真方面也无法同照片相提并论。直到照相铜版出现，画报才在图片新闻方面发挥出更大的能量，戈公振认为照相铜版将摄影术和报刊媒介作了成功的嫁接，“與图画以一大革新”[②]。1912年《真相》画报在上海创刊，这是国内最早的摄影时事画报，之后的早期摄影画报也多是纯粹新闻类，不过《真相》铜版、石印兼用，1920年上海《时报》附设的《图画周刊》才开始完全采用铜版。北方的铜版画报则首创于1924年冯武越在北京出版的《图画世界》，它虽然属于综合性刊物，但图片新闻地位最为显著。照相铜版对纸张的要求很高，在1930年代影写版出来之前，必须使用昂贵的进口铜版纸印刷，才能保证图片质量。因此，除了定价较高的画报，当时的普通报纸很少采用新闻图片，即便有，效果也与画报相差甚远。以天津《大公报》为例，1932年1月29日，它以“上海惨劫”为标题报道“淞沪战争”，并且刊发了两张照片，“为日本海军陆战队在虹口拘捕华人装上货车情形”，但由于印刷技术和纸张质量的限制，照片颇为模糊，视觉冲击力也大为减弱，无法同《北洋画报》的铜版精印相比。

就《北洋画报》的图片新闻而言，它体现了编辑追求“趣味性”的办

---

① ［英］约翰·伯格：《看》，刘惠媛译，广西师范大学出版社2007年，第58页。
② 戈公振：《中国报学史》，上海商务印书馆1928年，第263页。

刊宗旨，以及综合性的内容特征，在形式上具有多样化的特点。《北洋画报》不但融合了“大报新闻”和“小报轶事”，而且还推出了自己独有的图片报道形式——“专页刊”。这是刘云若主编时期在版式上所作的重要革新，开始大量以专页、专面或专刊、专号对重要内容作集中全面的报道。“专页刊”是这一时期表现天津社会生活最为重要的形式之一，考虑到大众传播的就近原则和读者接受的接近心理，以及刘云若的本土意识和当时对天津命运的关注，“专页刊”的策划主要以天津本地新闻为主。“专页刊”图文结合，文字有时甚至会超过图片，占更大篇幅，但这并不能说明它以文字为主，恰恰相反，文字多用来勾连图片，或作补充说明，独家、独到的摄影图片才是其精华所在，也是《北洋画报》在激烈竞争和北方萧条时局下发展壮大的根基。与其他零散的图片新闻相比，“专页刊”把相关内容集中在一两页甚至整期画报的做法，直接确立了读者的关注焦点，能够迅速引起读者的重视；并且它能就选中的主题作深度报道，甚至是连续追踪报道，从而给读者带来全面、立体的观看印象。

因此，“专页刊”可以看作专题型“本埠新闻”，其形象化特点让它进入通俗小说时，产生独特的化学效果，使得天津社会言情小说别开生面，呈现出与以往不同的“报刊”特色。“专页刊”的表现对象主要为社会特殊群体、大型文艺活动和现代商业消费，其中天津大型文艺活动的报道占总数的一半左右，比重最大，包括摄影展、画展等艺术展览，天津文化社团的活动，以及电影、话剧、歌舞在津的演出，充分展示了当时天津的文化动态和文化时尚。1920年代后期，天津兴起“画展热”，作为通商大埠，有大批下台军阀政客和暴发户在此花钱挥霍，他们对艺术一窍不通，却好附庸风雅，为商业画展提供了生财捷径。这些画家及背后经纪人深谙现代商业社会的游戏规则，每每举办展览之前，都会在本地媒体上大肆宣传，而《北洋画报》由于刊登图片的明显优势，是其重点笼络对象。这一时期《北洋画报》的众多画展专页，大多是这种时风的产物。刘云若的《换巢鸾凤》

便是针对此一社会现象，塑造了“展览画家”任笑予。其实稍微注意一下专页出现的画家，便能发现任笑予的原型就是其中所谓的“革命画家”萧松人，《北洋画报》于1929年11月9日刊发了“松人作品专刊”，报道他第一次来天津开画展的种种情况，并配有个人照片。其中一张很有特点的单人照，被刘云若反复“借用”，成为描写任笑予的重要手段：

> 慧娜目光锐利，已瞧见那照片中是全身人像，戴着顶形状很怪而有长穗儿的帽子，身穿好像女人旗袍的长衫，面目却确是任笑予。原来这照片是任笑予当日第一次到天津开画展时，穿着奇装异服所摄的照片。但并不是真正照片，而是印在报纸上的铜图，被人剪下，又裱到厚纸板上的。①

对照片的描绘与专页正中的萧松人像毫无二致。小说里写到警察利用剪下来的“印在报纸上的铜图”来追捕任笑予，种种细节暗示读者，这份报纸很可能就是《北洋画报》，这样小说不仅使用了新闻图片，而且涉及新闻图片的载体，即画报本身。专页总共刊登了五张画作和两张照片，其中“青年画家萧松人像”（见图25）更能体现出画家为吸引眼球而故作姿态，不伦不类。照片中的服饰细节和小说一模一样，当时就被吴秋尘称之为“松人装”，可见其引人注目：

> 松人之美，观其衣饰可知。忽短发压眉如美女子，忽长袍委地则美少年。其冠其履，无不奇美出俗，所作画，一如其衣冠，神变不测。少年维特之烦恼一书出，人皆以维特之衣履为衣履。

---

① 《换巢鸾凤》，《北洋画报》第31卷第1545期，1937年4月22日。

图25 萧松人（1929年11月9日，8卷395期）

"松人装"或亦竟与其画同传。惟美人乃能光美术，又乌可以立异目之？[①]

这张照片因而成为小说的重要线索，由此前文的谜底被解开，小说开头，任笑予想送慧娜五百块钱，原来正是到天津办画展的收入。而慧娜见到这张照片，对任笑予起了新的感想："但不知照片上的任笑予，何以装扮成这个样儿，自己虽知他品行卑秽，却不晓在这次因避祸而改女装之前，竟还曾公开的学作女子行径，但他头上这顶帽子，形状特别，又不像弄妍取媚的工具，真想不出他实际是怎样一个人。"[②]并且它还引出下文，任笑予想借助上次画展的成功经验，哄骗柳拂西花钱为自己打点一切，再次在天津开画展。刘云若对画展照片的反复使用，已不仅仅是叙述任笑予开画展的荒唐事件，而是借以刻画人物性格，表现当时的社会情状。任笑予的污秽无行、恬不知耻，通过照片形象的展示而得到更有说服力的进一步揭示，而这张照片对卖画的"促销"作用也反映出商业社会"噱头"的重要性，以及20世纪二三十年代天津"画展热"的内幕。

借助照片形象来写人，甚至展现情绪、情感等内心生活，其实是受到摄影的深刻影响。但《换巢鸾凤》还要以实体图片为中介，在有些表现都市生活的通俗小说中，作者已经能直接借用摄影的视觉化、形象化特性，来展现人物的内心世界。摄影"由于它赋予物体自我成像和'不用句法表述'的手段，所以它也推动了心理世界的描绘。不用句法或不用言语的表达，实际上就是借助姿势、模拟表演和经验整体的表述。这一新的维度为诗人对人的考察敞开了大门，波德莱尔和兰波这样的诗人表现的，正是心灵的图景"[③]。

---

① 秋尘：《松人之美》，《北洋画报》第8卷第395期，1929年11月9日。

② 《换巢鸾凤》，《北洋画报》第31卷第1545期，1937年4月22日。

③ ［加］马歇尔·麦克卢汉：《理解媒介——论人的延伸》，何道宽译，商务印书馆2000年，第253页。

《北洋画报》上的通俗社会言情小说对人的考察当然达不到上述诗人的高度，但作者在视觉文化的冲击下，已经能够很自然地“借助姿势、模拟表演”来表现人物及其内心世界：

那西装少年接来火柴，眼睛一望秦伍二人，就卖弄了一下漂亮。原来他口衔香烟，右手拿着一只火柴和火柴匣，把火柴匣一抛，赶忙用火柴头在空气中，和火柴匣上的药一蹭，扑地一声响，火柴燃着。然后左手伸出，恰好接着火柴匣，那右手的火柴，已经伸过口边，把香烟燃着，喷出烟来。这几下，表演得不慌不忙，非常自然，临了，吸着烟，对她们迷迷一笑。①

这是吕小恭在伍梨琳和秦小姐面前的一次精彩表演，以他的娴熟技巧来看，应该是经过多次演练，方能达到如此效果。表演可能是模拟电影镜头，也可能是对其他摩登人物的模仿，但有一点可以确定，它和香烟、火柴一样，都是舶来品。这一系列好像被摄影镜头分割的姿势定格，具有强烈的戏剧表演性。事实上作者对吕小恭出场的描画，都是通过一连串夸张而凝固的动作表现出来的，从哼唱电影歌曲，到吸烟，扔烟屁股，再到看画报，切水果，吃口香糖，每个动作都像广告模特，随时摆好姿势让人拍照，而作者对品牌的热衷和关注，以至不厌其烦地标明物品的牌子和产地，也加深了这一观感。吕小恭对伍秦二人所作的表演，正是一位内心空虚无聊却又自鸣得意的都市青年的生动写照。事实上，这种视觉化的心理描写方式在都市言情小说中被广泛应用，常见的对画报或银幕明星姿势、表演的模仿，都可以从这方面来加以理解，“在照片的时代，语言带有图画或图

---

① 《球场上底蔷薇》，《北洋画报》第19卷第929期，1933年5月6日。

像的特性，它的‘意思’很少归属于语义的世界”①。另外，从吕小恭的出场描写也可以看出，都市言情小说与广告有着深刻的相似之处。

三　小说与广告的同质化

按《北洋画报》惯例，通俗小说和广告都被安排在封底，即第四页。刚开始连载《津桥蝶影录》时，一张典型的第四页，往往上半页是小说连载和科学、文艺知识，下半页为广告，当时广告的数量还不太多，一般在三个左右，而且小说和广告的界限比较分明。自《穷酸们的故事》起，小说每天连载的字数大为减少，且多把它放在页面中间，其余均为广告，可以说小说被广告包围，甚至融为一体，由于这时的社会言情小说不再或很少使用回目，只有一段文字，乍一看很难分辨小说与广告的区别（见图26）。这种版面设置很容易引发对小说与广告的“对读”，张元卿就指出，由于《北洋画报》上所刊登的大多为“以当时追求资产阶级化生活理想的都市男女的情感纠葛为中心的作品，它们与广告所展示的真实的当下生活形成一种张力”，读者可以利用广告展开文学想象，进而对通俗小说进行批评和意义重构。②但他并未就这一观点具体展开，而且这种直接对读并非对小说与广告关系的唯一阐释，社会言情小说如何影响广告，并出现“小说体”广告，以及画报和广告的定位最终决定了小说的定位及价值，都将在下文进行探讨。

广告是都市日常生活最丰富、最忠实的反映，“如果审视一下这种新的日常生活方式的基本内容，我们就会发现它在很大程度上是由物质文化

① ［加］马歇尔·麦克卢汉：《理解媒介——论人的延伸》，何道宽译，商务印书馆2000年，第247页。
② 张元卿：《读图时代的绅商、大众读物与文学——解读〈北洋画报〉》，《天津社会科学》2002年第4期。

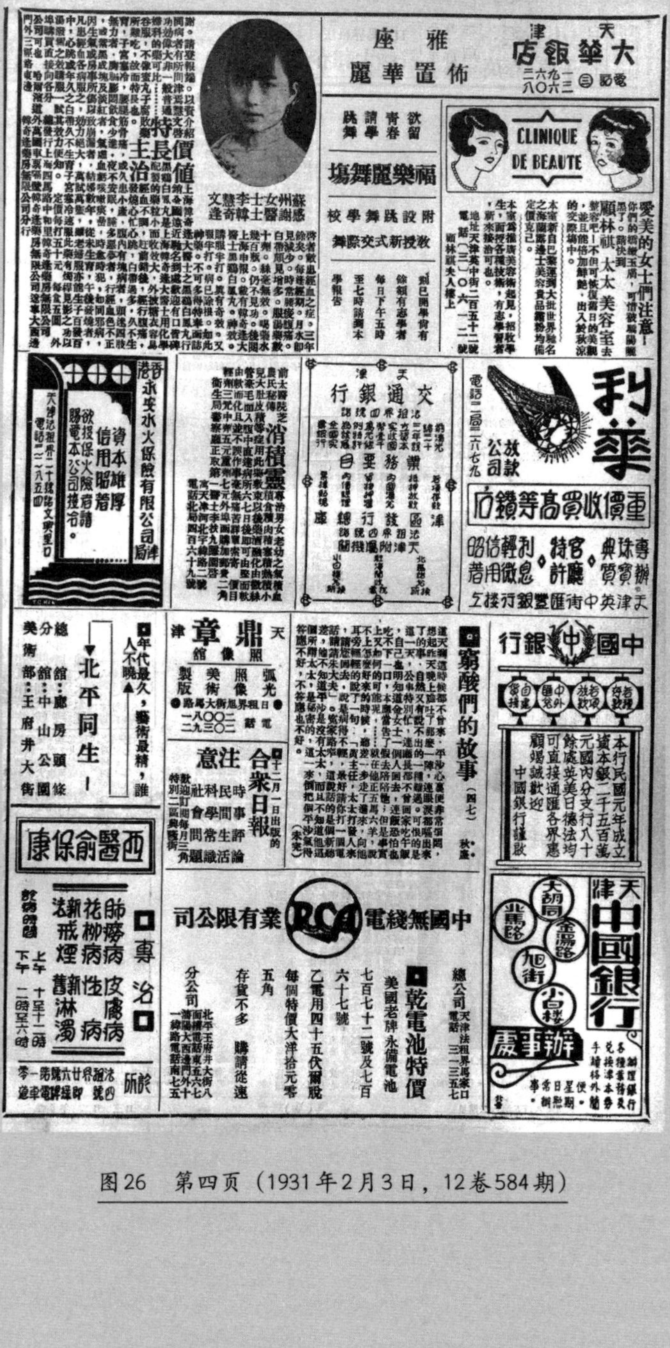

图26　第四页（1931年2月3日，12卷584期）

‘征候学’所营建且控驭的。这个物质世界的轮廓可以再次借着杂志中的广告而被描画出来”[①]。当这些商品、消费场所进入都市言情小说时，会极大地加强文本的现实指向，读者很容易产生真实的代入感和参与感。《球场上底蔷薇》开头提及到“冷香室”吃早餐，冷香室是天津有名的西式餐饮店，于1930年夏开办，位于天津商业中心法租界梨栈一带，夏天卖汽水饮料、冰淇淋和面包点心，入秋以后则改为咖啡店，兼卖大菜，是当时一般摩登青年常去约会请客、消磨时间的地方。冷香室之所以能在众冰室中脱颖而出，更重要的原因在于它在天津较早聘请女招待。1928年年初，“女招待员，在天津卫，还是一件很新鲜的名词”[②]，只有卡尔登饭店和春和大戏院等少数地方雇用，但到1930年左右，女招待开始在平津地区广泛兴起，普及到一般的冰室、饭馆以及娱乐场所，由于女招待一开始与现代“女子职业运动”直接挂钩，因而吸引了众多目光，造成天津媒体争先恐后地报道。1930年夏，《北洋画报》连续发表《嚼冰随笔》系列文章，通过冷香室来描写天津女招待的现状，其中第一篇还以“女子职业运动之胜利者”[③]为名配发了冷香室一号女招待苗雪绮的照片。其实这四篇文章具有明显的“软文广告”性质。吴秋尘为自己主编的《天津商报》副刊《杂货店》写《饮冰室闻见录》，虽明眼人能看出是冷香室，但文中只以“某饮冰室”相称，并未点出店名。而《嚼冰随笔》不但直接写店名，而且把店址和价目表交代得清清楚楚，特别是对店内几个女招待身世、样貌、性情的详细介绍，不无广告宣传的嫌疑。事实上，冷香室就是《北洋画报》的广告客户，它于开业期间曾在第四页刊登硬广告：“请到冷香室去吃各种冰淇淋”[④]。

---

① ［美］李欧梵：《上海摩登：一种新都市文化在中国，1930—1945》，毛尖译，北京大学出版社2001年，第86页。

② 斑马：《女招待员杂谈》，《北洋画报》第4卷第165期，1928年2月25日。

③ 热中：《嚼冰随笔（一）》，《北洋画报》第10卷第489期，1930年6月24日。

④ 《北洋画报》第11卷第501期，1930年7月22日。

这类例子在社会言情小说中不胜枚举，《球场上底蔷薇》里的王金波理发店也是《北洋画报》第四页经常出现的广告品牌，而《换巢鸾凤》则以“露华饭店”“月华饭店”影射天津著名的大华饭店，饭店经理赵道生是冯武越的妻弟，因而能在《北洋画报》大登特登广告，且往往能别出心裁，效果很好。因此，小说与广告描画的其实是同一个“物质世界的轮廓”，而这两者的“并置”，也使得读者能够更清晰地去触摸、感受这个物质世界的魅力和诱惑。画报广告为社会言情小说提供了天津的漫游地图，它也由此限定了后者所能达到的表现范围。但反过来，小说也会加强其书写对象的广告效应，如同现在电影、电视剧里流行的“植入式”广告，把广告植入剧情，使其自然融合，因为拥有大量市场定位相同的观众／读者，再通过现代技术复制品的广泛传播，就能起到“广而告之”的效果，只不过在二三十年代的天津社会言情小说中，它还是免费的。

小说还对广告形式产生了深刻影响，甚至出现了“小说体”广告。在《北洋画报》上，有类似于“极小小说”的有趣广告。最早期的手表图画广告，已经采用了人物对话，广告画中，男人看到座钟，张着嘴很惊讶的样子，女人左手举烛台，右手指着座钟跟男人说话：

他：真误事！真误事！

她：你看看现在几点了！

明天你快到英中街 克隆洋行 买只衣特纳手表，就不致再误事了！①

这支广告相当巧妙，已经具备人物、故事、情节等小说的基本要素，

① 《北洋画报》第1卷第1期，1926年7月6日。

与《北洋画报》上的“极小小说”《一件很难解决的事——生死》[①]有异曲同工之处，均用简短的两句话（两个段落）讲述一个具有前因后果的故事。但无论“极小小说”还是同类广告，主要接受的还是西方报刊文体的影响，这从《北洋画报》资深撰稿人宣永光从美国《Smart Set》（现译为《聪明组》）杂志翻译过来的“短篇小说”《我当然要杀了她》和“短篇纪事”《国民性的研究》也可以看出，这两篇小说篇幅稍微长一些，相当于今天的“微型小说”或“小小说”，《我当然要杀了她》就完全采用对话体，通过模拟男女对话来展开情节，传情达意。《Smart Set》创刊于1900年，“是美国最深奥精妙的‘小杂志’little magazine”[②]，顾名思义，刊载的多为短小精悍的作品。它不仅刊登詹姆斯·乔伊斯等重要的现代主义作家的作品，以及实验性文艺作品，也是20世纪二三十年代美国侦探推理小说、冒险小说等流行通俗文学的重要阵地。宣永光的翻译选择，注重的就是通俗的“趣味性”，但它们仍带有西式的幽默感和含蓄韵味，与《Smart Set》标榜为“聪明杂志”（Smart Magazine）密切相关。所谓“聪明”（smart），特指要摆脱“乡巴佬”的局限，打开视野，看见“城市”和“文明”。实际上，这些“短篇小说”是美国都市文化发展的产物，但在1920年代后期的天津照搬照用，难免会“水土不服”。

《北洋画报》很快就停止对这类短篇的翻译，其“小说体”广告也由“衣特纳手表”的洋气十足，转变为另一种更典型的“中西合璧”的“韩奇逢黑鸡白凤丸”——“黑鸡白凤丸是上海韩奇逢大医士用化学配制的药粒小而收效大，外披糖衣容易吞服。”[③]黑鸡白凤丸其实是一种历史悠久的中药，但是，广告中特别强调韩奇逢药丸用“化学”配制，且“外披糖衣”，

① 钟吾：《一件很难解决的事——生死》，《北洋画报》副刊1927年8月31日。
② ［美］詹姆斯·纳雷摩尔：《黑色电影：历史、批评与风格》，广西师大出版社2009年，第58页。
③ 广告，《北洋画报》第12卷第582期，1931年1月29日。

实际上已经对这种传统中药作了现代改良。这支广告的特别之处在于，它在开头杜撰了一个“苏州女士李慧文感谢医士韩奇逢”的故事，讲述“李慧文”患妇科病，久治无效，偶然见到《申报》上的黑鸡白凤丸广告，买来服用，竟然药到病除，因此“请登报端，以资介绍”。有意思的是，为证明故事的真实性，广告还配了一张“李慧文”的半身照（见图26），照片中的女士面貌娟秀，看起来端庄大方。“照片可以提供证据”，意味着一种先入为主的“真实”印象。[①]但这种广告策略在现代铜版画报兴起后屡见不鲜，《良友》也曾利用新兴的摄影技术，以图文结合的方式大作广告，1928年第26期的“韦廉士大医生红色补丸、红色清导丸、婴孩自己药片”就用了所谓“徐翰臣”的全家福照片。因此，当时有心的读者，可能已经把这类广告当作小说在阅读，它们同样具有虚构性和故事情节，甚至还因插入照片，具备与现实对应的形象性，而带上了“写实”色彩。张勇认为，海派都市文学从整体印象而言，更像时尚杂志上面的广告，“无论是标题、语言风格，还是字体变化、插入图片等文本错落的形式，都与广告相似”[②]。其实，换个角度，我们也可以说“黑鸡白凤丸”之类的广告更像当时天津新兴的通俗都市小说，它表现的是一个现代情境下所发生的通俗故事。麦克卢汉指出：“任何受欢迎的广告都是公众经验生动有力的戏剧化表现。”[③]“戏剧化”其实已经表明广告的“文学”性质，它是一种带有戏剧性的集中的“公众经验”，与小说类似。

但同时，这也意味着“图片广告里的文字，也不能仅从字面表述上去

① ［美］苏珊·桑塔格：《论摄影》，艾红华、毛建雄译，湖南美术出版社1999年，第16页。
② 张勇：《“摩登主义”文化与文学研究（上海，1927—1937）》，清华大学2007年博士论文。
③ ［加］马歇尔·麦克卢汉：《理解媒介——论人的延伸》，何道宽译，商务印书馆2000年，第284页。

考虑，而是要被当做模拟日常的心理病理的角度去考虑”[①]。“黑鸡白凤丸”就是一个典型的例子，当普通都市女性由传统封闭的家庭空间步入现代开放的社会空间，其生理健康越来越受关注，逐渐成为可以在公共空间被讨论的日常话题，这在当时，不仅是医学发展的标志，也是一种社会的进步。而且报纸的女性副刊、栏目，各种妇女杂志乃至报刊广告都为这种进步提供了“媒介”，正如“黑鸡白凤丸”广告所说，“李慧文”通过上海《申报》得知这一灵药，然后又通过《北洋画报》“广而告之”，相对于传统的“口耳相传”，这明显是一种现代方式。“黑鸡白凤丸”广告通过对一个备受关注的妇女健康问题的现代关注，不仅是在表现某种现成的“公众经验”，事实上更是在向读者灌输女性要关爱自己、注重生理健康的现代常识。广告为读者提供的其实是一种生活方式，它在反映城市发展变化的同时，也在引导着“变”，向市民读者供应如何“变”、“变”成什么的标准答案。在这个意义上，《北洋画报》与其广告的定位其实并无二致，作为一份兼具“品味”和“趣味”的现代大众媒体，《北洋画报》旨在为市民读者提供一种理想的正当的现代生活方式，它包括服饰、家居、健康、娱乐、休闲等方方面面，这也是其口号“灌输常识”“启蒙知识”的目的所在。因此，《北洋画报》的定位与广告的定位共同决定了其连载小说的定位——反映“变”并引导“变”，与城市转型时期的市民文化双向互动，反映现代都市生活的社会言情小说就是在这种情势下应运而生。

① ［加］马歇尔·麦克卢汉：《理解媒介——论人的延伸》，第247页。

报人生涯对刘云若小说创作的影响

20世纪八九十年代，刘云若被新时期的评论界重新发现时，他的通俗小说被称为“报人小说”[①]。其中虽隐含贬义，但这位民国通俗文学大家的生平与创作确实与“报人”密不可分。这不仅仅指他的小说“皆先刊报端，而后归书局出版”[②]的发表模式，更是指刘云若本身就是资深报人，其报人生涯直接影响了他的文学创作，并深刻反映在作品中。1926年刘云若开始为《东方时报·东方朔》撰稿，并结识副刊编辑吴秋尘，被推荐给天津报界名流王小隐。这为他于1928年7月成为《北洋画报》的主编提供了契机。《北洋画报》时期，刘云若“并无助手，编校均一手承办，使该画报在质量上达到了最高峰”[③]，而他“从一介书生，在社会上有了一定的名望，未尝不是在《北洋画报》一个时期锻炼而成”[④]。1930年春，刘云若受沙大风之邀，编辑其创办的小报《天风报》副刊“黑旋风”，他的第一部长篇章回体小说《春风回梦记》就在《天风报》上连载。差不多同时，他离开《北洋画报》，去《天津商报》主持副刊《鲜花庄》。同年7月6日起，刘云若担任新创办的《天津商报图画周刊》主编，并连载长篇小说《红杏出墙记》。

① 林希：《“味儿”是一种现实》，《文学自由谈》1994年第4期。
② 《自序》，刘云若：《酒眼灯唇录》，百花文艺出版社2010年，第2页。
③ 吴云心：《我所知的刘云若》，《苏州大学学报》（哲社版）1988年第4期。
④ 《冯武越经营北洋画报》，《吴云心文集》，天津古籍出版社1990年，第587页。

《天津商报图画周刊》开始随《天津商报》附送，后改单独发行，格调虽不及《北洋画报》，但在当时也是天津影响较大的摄影画报。1933年10月，刘云若自办《大报》，其实是一份小报，但不到两年，就因转载上海《新生》月刊上的文章《闲话皇帝》，而遭日本方面抗议，被勒令停办。1937年天津沦陷后，报业迅速衰落，舆论环境异常恶劣，面对昔日同人的纷纷附敌，为日本人办报，刘云若只能守住“有所不为”的底线，完全依赖写作谋生。直到1940年代末，才重拾编辑职业，主编《星期六画报》增设副刊《鲜花庄津号》，以及《星期日画报》漫谈专版“小扬州”。[①]从刘云若的经历可以看出，他对办报、编报、为报刊撰稿始终保持着热情，并投入了大量心力。把他的报人生涯与小说创作进行“对读”，是深入解读刘云若文学创作的重要途径。

从“哀情”到“世情”

刘云若在20世纪三四十年代是一位非常高产的作家，共发表、出版了四十多部通俗社会言情小说。研究者张元卿以“情”字为线索，把它们分为“哀情”“苦情”“畸情”等四类，有一定的道理。[②]但这种分类方式无法体现刘云若小说创作不同阶段的风格变化，以及造成这种种变化的历史背景和个人原因。因此，兼顾其内容特色与创作转型，把刘云若的通俗小说分为“现代哀情小说”“都市言情小说”和“津门世情小说”三大类更为合适。

作为刘云若的成名作，《春风回梦记》一经发表即大受读者欢迎。究其原因，不外乎刘云若融合了传统哀情小说和狭邪小说的叙事模式，经由个

---

① 张元卿：《刘云若传略》，《新文学史料》2008年第4期。
② 同上。

性化的创造，谱写了一曲爱情悲歌。这部小说的推出并不像作者自己说的“仅以游戏出之”，相反是“有备而来”，因而出手不凡。刘云若长期为报刊担任撰稿、主笔，其中就包括短篇小说和长篇章回小说回目，并曾试作长篇《燕蹴红英录》，可惜中途夭折，并未刊出。不过与他后来的作品相比，《春风回梦记》既是一部相当圆熟的章回体小说，其叙事框架和人物设定又带有明显的模仿痕迹。清末民初哀情小说曾风行一时，《玉梨魂》《孽冤镜》《霣玉怨》号称“三大哀情小说”。它们产生于“五四”前夕这一历史激荡时期，以传统的“才子佳人”模式，传达出中国青年欲争取婚恋自主的先声。哀情小说作家也是“鸳鸯蝴蝶派”这一名称的最早来源，这一小说类型对民国时期通俗言情小说影响巨大，直到20世纪二三十年代仍拥有大量的读者。另一方面，鲁迅在《中国小说史略》里所命名的“狭邪小说”在这一阶段也有新的发展，对妓女的描写开始偏向于人情、人道化。[①]毕倚虹1922年在上海《申报》连载的《人间地狱》写文人名士与妓女的精神恋爱，道尽纯情与痴情，实际上与哀情小说旨趣相通，是另一种“才子佳人”。《春风回梦记》显然受到这两方面创作风气的影响，是一个典型的“才子佳人”故事。小说男女主人公陆惊寰和冯如莲，一个俊美不凡，出身富家，一个花容月貌，出淤泥而不染，在旁人看来是天造地设非常般配的一对。然而，惊寰与如莲的纯情痴恋，由于身份悬殊，受到男方家庭的重重阻挠，最终夭亡。《春风回梦记》动用了作者多方面的文学储备，还表现在对《红楼梦》等古典小说的借鉴。陆惊寰第一次与如莲私下见面，表白道：“妹妹，妹妹，我从当初头一次见你，就仿佛曾经见过，直拿你当做熟人。这里我也说不出是什么道理，可是总觉得这里面有些说处，反正我从两年前就是你的了。”[②]与

---

① 参见范伯群《狭邪小说的人情、人道化》，《填平雅俗鸿沟：范伯群学术论著自选集》，江苏教育出版社2013年。

② 《春风回梦记》，中国现代文学馆编《刘云若代表作》，华夏出版社1999年，第16页。

贾宝玉、林黛玉的“似曾相识”异曲同工。而惊寰多情、任性的人物形象，也与宝玉有相似之处。

但《春风回梦记》的成功不仅仅在于对传统言情小说的借鉴与吸收，还在于作者创作上的初步自觉，以及小说具有的现代色彩，称之为“现代哀情小说”更为恰当。与传统哀情小说不同的是，小说刻画了混混儿周七、如莲母亲、老鸨郭大娘等下层人物，惟妙惟肖，具有市井风情。尤其是女主人公如莲，形象鲜活、生动，与以往哀怨的女性形象大不相同。她既泼辣活泼，有勇有谋，又敢爱敢恨，至情至性。这样可爱的一个人物，充满理想色彩，还具有时代的青春气息。刘云若在小说的写法上，也突破了传统章回小说的程式，通过大段的心理描写来表现陆惊寰对如莲的爱恋纠结、在新婚妻子面前的犹豫不定，以及妻子病重后的自责与逃避，体察入微、精妙动人。这得益于刘云若对狄更斯等西方作家作品的阅读和理解，在之后的创作中体现得更为明显。不过，整体上《春风回梦记》所讲述的故事相对简单，作者在如莲身上更多寄寓了一种爱情理想，小说也没有明确的时间背景和社会背景，现实性也不强，仍属于专写才子佳人之间“纯情”故事的哀情小说。

在取得长篇章回体小说写作的初步成功后，刘云若获得了作为小说家的自信，很快通过《红杏出墙记》进一步确立了自己的北派通俗文学大家的地位，并实现了创作上的转型：从人物形象、内容场景，到情节结构，都与《春风回梦记》大相径庭。首先是小说不再使用富家少爷、名妓等传统人物设置，而是把笔触伸向受过良好现代教育的一群“新人”，女主人公黎芷华、房淑敏是北京女子师范的同学，主要男性人物林白萍、边仲膺、房式欧都各有体面职业（式欧甚至被设定为青年医学博士），是现代职场的佼佼者。其次，小说有明确的社会背景，小说人物在天津、北京两地之间不断穿行，从而把人物的活动空间与城市的独特风景有机结合在一起。而主人公的主要活动，无论是拍电影、开医院，还是办女子照相馆，都具有现代属性，与时代新潮紧密贴合。另外，《红杏出墙记》情节复杂，人物繁多，以林白萍和黎芷华“离异”后各自的感情经历为线索，引出一个个人物和故事，呈现出双线交叉并进的结构。小说对于爱情与人性的描写，也更加现实、有深度。如果说如莲对爱情的坚贞是一种理想，或者说一缕“余韵”，那么芷华、白萍更像是对自身欲望不断屈从的普通现代人，正如小说以婚外情开头，而结尾破镜难以再圆。事实上，这也是随着婚恋自主、男女社交公开而出现的新的社会问题。因此《红杏出墙记》和刘云若1930年代中期创作的《换巢鸾凤》，都属于“都市言情小说”的范畴。之所以特地强调“都市”，是因为被写进小说的是作为现代都市的天津、北京，它的背景多为现代化的场景，人物也是在都市中生存、亮相的形形色色的现代或准现代市民。

从《春风回梦记》到《红杏出墙记》，小说风格的巨大转变，不只是因为作者对写作有了信心之后放开手脚，让小说彻底摆脱了模仿的窠臼，其个人特色越发显露，更因为两篇小说不同的发表媒介及读者对象，毕竟读者的需求是通俗文学作家首先要考虑的问题。前者发表于《天风报》，这是一份在当时非常受欢迎的天津小报，由知名报人沙大风于1930年2月创办，分为“要闻版”“社会版”、副刊“黑旋风”三个版面。民国时期北方小报多刊登名人轶事、市井奇谈、妓界花边、伶界动态，以及普通市民的衣食住行情报。即便是时政消息，也更注重趣味性、奇观性。《天风报》也不例外。这是因为小报定价低廉，主要面向受过一定教育但程度不高的城市小市民。他们对言情小说的喜好，还停留在比较传统的“鸳鸯蝴蝶派”，摩登男女的情事对他们而言还遥不可及。《春风回梦记》的内容涉及妓女、名伶、混混儿，正是小市民熟悉和钟爱的话题人物。而有钱少爷爱上穷人小姐的表述方式，又为他们制造了乐此不疲的童话梦境。因此《天风报》与《春风回梦记》相得益彰，实现了报纸与作者的双赢。

而《红杏出墙记》在《天津商报图画周刊》上连载。作为天津比较流行的摄影画报，《商报画刊》每期都刊登大量照片，采用照相铜版印刷，定位相对也要高端得多，更多面向受过良好教育、追求时尚的摩登青年，以及有一定经济地位的城市中上层社会。刘云若在摄影画报上连载的两部长篇小说《红杏出墙记》和《换巢鸾凤》（《北洋画报》）都以现代都市生活为题材，并不是一种巧合。《北洋画报》《商报画刊》出版的1926至1937年也是民国时期天津这一北方都市高速发展的“黄金时代”，商业繁荣，报业发达。表现在文学方面，有天津文坛“都市言情”类通俗长篇小说的出现与成熟。另一方面，刘云若的画报主编身份也为接触、熟悉各类摩登人物提供了最为直接的便利。以《北洋画报》的封面人物为例，最常见的是引领潮流的上海电影明星、京津戏曲明星，其次为张学良、顾维钧等“政治明星”。电影业、西医院等现代新兴行业是《北洋画报》《商报画刊》等摄影画报关注的重点，1933年起两家画报都开始每周固定发布“电影专刊”，刘云若主编时期的《北洋画报》还出过西医院专页，大力宣扬天津的模范西医诊所。由于其特殊性质，关于摄影术及照相馆的报道和广告覆盖率更高。《红杏出墙记》的写作及成功正因有此天时地利人和。

1937年京津沦陷后，经济迅速衰退，日军的管制日益严厉，两地的大型摄影画报因政治原因，加上出版成本较高、读者锐减，均无力支持，纷纷停刊，取而代之的是一种直到解放前都相当普遍的“小画报”[①]，其中具代表性的有《三六九画报》《立言画报》《一四七画报》《星期六画报》《星期五画报》《扶风画报》等。与之前的摄影画报相比，这类画报已经名不副实，内容不多，图片很少，纸张、印刷也相当粗糙，往往旋起旋灭，是特

① 周利成认为：“抗战爆发后，尤其是抗战胜利后，画报的重心逐渐北移，以北京、天津为代表的北方出现了第二次画报热。”见《综述》，周利成编著《天津老画报》，天津古籍出版社2011年，第13页。称之为“小画报”，不仅指开本的变小，由八开本缩小为十六开本，也指画报内容（尤其是图片）的减少与格调的降低。

定历史时期的产物。相应地，读者对象也转为中下层市民。但不可忽视的是，20世纪三四十年代北派通俗文学的繁荣与“小画报”的兴起关系密切，它们培养了一批优秀的通俗作家，成为京津通俗小说主流的发表园地。刘云若后期的诸多作品均发表在这类画报上，包括《旧巷斜阳》（原载于《银线画报》）、《粉墨筝琶》（连载于《一四七画报》）等重要作品。由于社会状况和发表途径的双重变化，加上只能靠写作谋生带来的经济困窘、身份低落，刘云若的后期创作出现了明显的转变。他把目光转向更为广阔的天津下层社会，通过男女主人公的曲折经历，来刻画社会百态、人心浮动，具有强烈的社会现实性与浓郁的地域特色，可以称之为“津门世情小说”。《小扬州志》通过秦虎士的游历描写南市“三不管”地带令人眼花缭乱的市井娱乐生活，以及花界封台大典的种种情状，活灵活现，妙趣横生。《粉墨筝琶》虽于1946年开始连载，但实际上仍是沦陷时期风格的延续，它对天津胡同、沦陷区生活的描述，具有别样的地方史料价值，小说对泼辣大胆的下层女性林大巧儿的塑造，更是令人拍案叫绝。有意思的是，这两部小说的男主人公都是破落的世家子弟，他们在家庭破败、社会身份发生遽变后流落到下层社会，从而发生种种人情故事。对比刘云若自身的经历，可以看出在他们身上有作者自身的深刻烙印，小说具有“自叙传”的成分。从早期的哀情小说，到都市言情类作品，再到世情小说，刘云若在男主人公形象的塑造上自我的投射在不断加深。这就不难解释为什么作者在《春风回梦记》里可以客观地评判陆惊寰思想行为“幼稚”，却为《粉墨筝琶》中程翥青的软弱进行开脱。说到底，是自我投射带来的理解和同情，也是作者经历世事无常后中老年心态的体现。这种心境的变化还体现在《旧巷斜阳》中，里面着墨最多的男性形象张柳塘曾经是风流洒脱的富家公子，现如今不仅家道中落，更是年迈体衰，最终在历经家庭大风波后看破红尘，携友归山。这部写于天津沦陷后期的小说，看似世事通达，却透露出作者心境的衰老和落寞。把它与《粉墨筝琶》里描写的沦陷区普通市民日常生活的困苦进行对读，可以看出这种心态也是时代、社会氛围的反映，是作者不得已而为之的“曲笔”，具有重要的现实意义。

刘云若小说创作风格的转型，与其报人身份息息相关。作为一位颇具社会责任感的报刊记者、编辑，他对天津市民社会的生存状况一直相当关注，这也决定了从哀情小说到世情小说，其社会现实性在不断加强。而这种影响不仅体现在创作的转型上，也深入到小说的语言。

文学语言的变化

研究者在谈及刘云若小说的语言问题时，大多强调其地域特色，而忽略了他的小说创作在语言方面的丰富性及变化。刘云若曾经说过：“吾人曾做过故纸堆中蠹鱼，习染很深，以后虽大受新潮激陶，仍然不能不恋旧时骸骨。常觉着举世诟病的死文字，固有它新鲜活泼的精神，精微深妙的运用，足以和新文学并存，不必偏废。”[①]这段话常被用来形容刘云若对传统章回体小说的继承，偏重理解其“旧”的一面。其实，它恰好说明刘云若对新旧文学并存的推举，而“死文字”“新文学”的说法体现在其创作上，也是对文学语言的标榜。在此意义上，可以看作刘云若这样的通俗文学作家对“五四”白话文运动的反思。刘云若的小说语言除了兼备传统文言与现代白话，还有一类特殊的市井白话。这三套语言系统在刘云若的小说中并不一定同时存在，而是在不同时期体现出各自的特色。

由于小报读者的趣味倾向，《春风回梦记》在语言上也受到传统言情小说的影响，体现出文白杂糅的特点。但它又与清末民初的哀情小说大不相同。《玉梨魂》主要运用典雅富丽的四六骈文来叙述故事、表情达意，既是

① 刘云若：《神儿、劲儿、味儿》，《北洋画报》第26卷第1279期，1935年8月8日。

其特色所在，也有很大的局限性，是社会转型时期的特殊产物。随着白话文运动的兴起，“言文一致”成为大势所趋，这类文言小说也迅速消退。因此在小说语言上，《春风回梦记》与传统白话小说中的“人情小说”更为接近。中国古代白话小说发展到明清时期，已有雅化、书面化的倾向，《红楼梦》《儒林外史》等优秀的文人创作实际上已脱离“话本”，成为一种案头文学。其中《红楼梦》等人情小说对后世通俗社会言情小说影响深远。《红楼梦》的语言并非纯粹的白话，而是文（文言、诗词）白（京白、方言）相间。《春风回梦记》也表现出同样的特色，在白话小说中夹杂着文言和诗词。文言主要用在两个方面，一是心理描写：如“惊寰心里更是凄然，想到当初看作美人如花隔云端的如莲，如今竟能取诸怀抱，晤言一室之内，不觉一阵踌躇满志”[①]。又如：

> 他躺在小床上，胡思乱想，又加着枕冷衾寒，孤灯摇曳，真是向来未经的凄清景况。本来他和如莲几载相思，新欢乍结，才得到一夜的偎倚清谈。便遇着这般阻隔，已自腐心丧志，触绪难堪。更当这萧斋孤枕，灯暗宵长，正是天造地设的相思景光，怀人时候，哪得不辛苦思量，魂销肠断？[②]

这段话并非现代小说层面的心理描写，还是带有传统小说叙述人的语调，更多是一种情绪、情感的表达和气氛、情调的渲染。二是外貌描写：写如莲“眉黛笼愁，秋波凝怨，满脸清而不腴”[③]，“柳眉深蹙，玉靥含春”[④]，

---

① 《春风回梦记》，中国现代文学馆编《刘云若代表作》，华夏出版社1999年，第53页。
② 同上，第88页。
③ 同上，第61页。
④ 同上，第134页。

实际上还是传统章回小说的套语，这也可以看出《春风回梦记》的模仿痕迹。

小说里的诗词则包括古典诗歌和曲词。前者的运用和传统人情小说并无二致，何若愚用杜甫《江村》里的名句“自去自来梁上燕，相亲相近水中鸥”[①]比拟惊寰和如莲，作者在描叙惊寰与新婚妻子分房而居、辗转反侧之后，用自己联的诗句“红闺白屋同无梦，小簟轻衾各自寒”[②]作结。而曲词属于刘云若创新的部分，体现了作者个人的性情爱好。小说采用的曲词有《桃花扇》“题画”一折：“萧然美人去远，重门锁云山万千。满园都是开莺燕，一双双不会传言。”[③]用来形容惊寰以为如莲不告而别时的震惊和绝望。惊寰和如莲终于再次相见时，作者巧妙借用《雪艳刺汤》的鼓词“人间女子痴心男多薄幸，忍叫妾空楼独守绿鬓成霜”“卿卿你好多疑也，我除非一死方销这情肠”[④]来描写两人之间的误会和表白，而且索性让他们以唱的方式传情。这与刘云若本人爱好戏曲，并对此颇有研究分不开，而天津市民社会浓厚的戏曲氛围也为这类小说语言的被接受和受欢迎提供了有力的支持。

有意思的是，《春风回梦记》所使用的白话也与刘云若后来的小说有很大区别。小说通篇以对话为主，主要通过对话来展现人物个性、推动情节发展，甚至揭示人物微妙心理。对话多而叙述少体现了作者在叙事技巧和创作个性上的不够成熟，仍主要受到传统白话小说的影响。传统白话小说由说书演化而来，而模拟人物对话更易为听众所理解，因此对话多也成为小说的一种常态。《红楼梦》在这方面也很突出，人物对话占全书总字数的

---

① 《春风回梦记》，中国现代文学馆编《刘云若代表作》，华夏出版社1999年，第133页。
② 同上，第88页。
③ 同上，第117页。
④ 同上，第122页。

百分之四十还多，很多章节几乎全用对话构成。《春风回梦记》的对话语言非常生动，属于市井白话一类。小说写周七和冯怜宝破镜重圆，但当他听闻如莲要下海为妓，立马要走，说道："我一个顶天立地的男子汉，没有能力养活你，却教你的女儿给人家搂个四面，赚钱来养活我；我吃了这风月钱粮，就是一丈长的鼻子，闻上十天，哪还闻得有一丝人味？"[①]表明周七虽穷困潦倒却颇有血性，也和他混混儿的身份相符。而如莲和惊寰的对话充分表现了恋爱中小儿女之间的试探、任性、撒娇，如莲大胆表白："你摸，你摸，我觉得我的心忽然滚了，只是往靠着你的那边挪。再一会就挤破了肚脐，跑到你心里去了。"[②]既形象又动人。不过，小说中的白话与"五四"新文化运动所倡导的现代白话相去甚远，不仅市井气息较浓，而且更多传统句式和词汇，常用的"下作""发卖""歪缠""作甚"等词语都是从古代白话小说而来。

到了《红杏出墙记》，刘云若的小说语言变为现代白话，新文学性明显增强。现代白话也被严家炎先生称为"五四"新体白话，认为它与传统白话小说的语言有所不同，以现代口语为基础，并有意吸收欧化的语言成分（包括新词汇和比较精密的句法结构），同时容纳了某些浅近的文言词语，但拒绝使用典故。[③]这与小说的题材有关，《春风回梦记》写的是传统才子佳人故事，而《红杏出墙记》属于都市言情小说，讲述的是摩登青年男女的悲欢离合，这些受过良好现代教育的男女主人公，"大受新潮激陶"，自然用的是现代白话，充满新事物和新名词——现代摄影画报面向的是同样的读者群。与《春风回梦记》相比，这部小说语言的新文学性主要表现在

① 《春风回梦记》，中国现代文学馆编《刘云若代表作》，华夏出版社1999年，第22页。

② 同上，第60页。

③ 严家炎：《"五四"新体白话的起源、特征及其评价》，《中国现代文学研究丛刊》2006年第1期。

三个方面：首先，对话相对减少，叙述明显增多。小说开头写林白萍想学西洋人玩浪漫，偷偷给妻子一个惊喜，结果却是捉奸在床。除了必要的简短对话，几乎全用叙述语言，情节写得跌宕起伏，人物心理变化多端，可见作者创作上更为成熟。其次是外貌描写的个性化。与描写如莲外貌的套语不同，作者对黎芷华外貌的描写更加细致且多样化。同样写美人愁怨，黎芷华的形象要鲜明得多："不想那芷华竟霍然一翻身，很快的坐起，面色惨白的怕人，鼻尖和眼圈却红红的，那黑而长的睫毛上都挂满着泪珠。"[①]

此外还有新名词、新意象的使用。除了筹拍电影，开办西医院、女子照相馆等新兴事业，即便是作者最擅长的爱情描写，也变得新潮起来。林白萍开头"暗自回想在去年和芷华结婚的第二日，她也曾用茉莉插成英文的LOVE字样，挂在我的胸前，一同出去逛俄国公园，路上把我得意得腰都挺得特别直了"[②]，完全是新式的恋爱场景。作者甚至用音译名词"烟里波士纯"（inspiration）来形容感情的最高境界。更有意味的是房式欧在中秋之夜向芷华表白，作者利用电灯光与月光的自然切换，把这一幕写得荡气回肠又合情合理。无论是式欧想象"似乎在一个无人的世界，只有芷华一个无助的弱女，正在阴天的海边上痛哭，自己却正从别一个星球上坠落下来，两个世界上仅有的人，相遇在一个亘古无人的世界上"[③]，还是他想逃开却无法动弹，"可怜竟觉不出自己的脚是在哪里，自己和她中间的空气，似乎都变了很黏的液体，把两个身体胶附得不能稍离"[④]，不光大量使用新名词，而且所用的意象新颖别致，明显可见西方的影响，新文学的意味相当浓厚。

值得注意的是，《红杏出墙记》还运用了现代电影语言，许多场景极具

① 《红杏出墙记》上，华岳文艺出版社1988年，第85页。
② 同上，第4页。
③ 同上，第78—79页。
④ 同上，第82页。

画面感和动作性。在小说中，林白萍得老同学资助成立电影公司，他想到自己和芷华、仲膺的三角恋爱颇似一出戏剧，于是把自身的经历改编成剧本《红杏出墙》，并自导自演，邀得房淑敏担任女主角。这样就形成了一个巧妙的“戏中戏”结构，戏里是他和淑敏扮演的角色在谈情说爱，戏外是两人的感情逐渐升温，两者不断穿插、相互推进，且真真假假，难以分辨。拍至求婚一场戏，既是剧中人订婚，两位演员也借着表演的时机订下了婚约。“戏中戏”本身就是戏剧、电影常用的手法，杜鲁福电影《戏中戏》展示了有关它的经典运用：这是一部关于拍摄名为《邂逅彭美拉》电影的电影，《戏中戏》表现了拍摄这部电影期间，角色间的互动关系。电影中的角色经历着和《邂逅彭美拉》相同的故事。由此看来，《红杏出墙记》的“戏中戏”结构相当典型。而淑敏用排演剧本里男主角向女主角求爱一节的借口，半真半假地和白萍在月下谈情，从环境描写到人物对话、行为，都符合电影语言可视性、动作性的特点：

> 淑敏把身躯向下略缩，接着又一转侧，就仰卧白萍怀里，两只水冷冷的眼睛向上直视，似乎把目光掠过白萍的脸儿而仰望高天朗月，口里也似对着太空发语，凄然道：“天啊！你这话是从心里说的么？但是我啊，今天才得了安慰。以后呢？谁敢想啊。”①

淑敏和白萍的恋爱经过因为和拍电影同步进行，加上淑敏被塑造成一个天才的演员，因此他们的相处场面就显得分外戏剧化，具有强烈的画面感。淑敏的种种做作张致，显得夸张、西化，与当时的电影表演风格一致，明显受到好莱坞电影的影响。不仅如此，在小说的这部分，其他穿插的情

① 《红杏出墙记》中，华岳文艺出版社1988年，第512—513页。

节同样具有这种特色，也就是作者自己所说的“电影化”[1]，可见刘云若对电影语言是有意借鉴。刘云若对电影的关注与兴趣主要源于他当摄影画报主编的经历，他写到拍电影的情节，恰逢《北洋画报》对华北电影业的前途加以讨论，因此他在小说中也加入了类似讨论，并让林白萍对振兴华北电影业有充分自觉。不过，刘云若对电影理论的研究并不算深入，这就使得他与“新感觉派”小说家对电影艺术的借鉴不大相同。刘呐鸥、穆时英等人的相关小说具有先锋性，现代派色彩十足，而刘云若更多是从戏剧冲突方面着眼，讲究的是情节的曲折好看，其小说整体上仍未脱通俗性质。

如果说《春风回梦记》的语言过于“守旧”，《红杏出墙记》又稍嫌欧化，那么在后期创作的世情小说中，刘云若的小说语言变得更为干净洗练，富于独特的“津味”。其中，《粉墨筝琶》具有代表性和特殊的价值。它的题材在刘云若的小说中非常少见，兼顾了通俗性与时代性，体现了作者眼光、格局的放大。程翥青原为受过大学教育的世家公子，因和女伶陆凤云结婚而导致家破人亡。两人离异后，翥青沦落至下层社会，和贫民女子林大巧儿由误会到相爱，并经由大巧儿进入抗日组织。为了完成暗杀和凤云有染的日伪高官的任务，翥青只好回去接近前妻。但最终任务失败，翥青逃亡。小说情节的开展与天津的沦陷乃至“二战”进程紧密联系在一起[2]，人物的主要活动又是做地下抗日工作，这样就把雅与俗、现代白话与市井白话巧妙地融合在一起，在小说语言上充分体现了“归哏”的艺术特色。

刘云若的“归哏”以天津相声文化为底子，同时融合现代幽默思潮以及林译小说的“滑稽”成分，可以说是天津式的幽默。[3]从《北洋画报》时

---

① 《红杏出墙记》中，华岳文艺出版社1988年，第633页。

② 刘云若从太平洋战争谈起，认为它最终导致了程翥青、陆凤云的离异，颇有“蝴蝶效应”的意味。

③ 参见拙作《〈北洋画报〉时期的刘云若研究》，《中国现代文学研究丛刊》2011年第4期。

期开始，他就有意识地在报刊时评和小品杂文的写作中实践“归哏”的创作理念，并在前期的小说中有所体现，而“津门世情小说”把这一艺术特色发挥到了极致。刘云若认为“幽默固一种抒写性情之工具，心有欲言，不出以正襟庄论，而发以嘻笑怒骂”①，并以此对小说语言进行锤炼，使得现代白话与市井白话均脱去了原有的滞涩或陈旧，变得风趣幽默又通俗易懂。《粉墨筝琶》中的叙述语言、人物对话都具有“归哏”的意味。小说写天津沦陷后，程翥青想南下投奔妹妹一家，但陆凤云不同意，设法打消了他的念头，而“程老太太见绮琴（即陆凤云——笔者注）反对，也就不敢深切主张。因为儿子既然成家，所有权就归了儿媳，成为她的私有物，母亲应该兵退四十里，少管闲事”②，程老太太的通情达理跃然纸上。作者以讽刺的笔调刻画大发国难财的暴发户散德兴，称之为“画花的老赶”③。“老赶”是天津方言，意为见闻不广或不时髦的人，是天津人对外地乡下人的称呼。所谓“画花的老赶”，是指散德兴有钱后在穿着打扮上追赶时髦，却弄得不伦不类，如同天津市面上画花的鸡蛋。

刘云若后期世情小说的津腔津韵格外浓厚，与对天津方言俗语的自觉运用有关。在人物对话中，《粉墨筝琶》大量使用了歇后语、谐音字等市井俗话，既有趣又得当。程翥青感激马五收留时，马五回答道：“套着喂，不用卸（谢）。”④翥青和大巧儿打架后，向她道歉：“林小姐，你也得原谅。”“小秃儿坐在电灯底下，圆亮哪。你少这么称呼卖烟卷的小姐，骂人呀。”⑤在这里，翥青使用的现代语言与马五、大巧儿所说的市井白话相映成趣，这是两者的教育背景和身份差异造成的，同时也被作者有意利用，以制造

① 云若：《幽默先生病》，《北洋画报》第27卷第1313期，1935年10月24日。
② 《粉墨筝琶》，百花文艺出版社1987年，第15页。
③ 同上，第19页。
④ 同上，第24页。
⑤ 同上，第69页。

语言上的冲突和看点。这一点在翥青和大巧儿的恋爱过程中体现得更为明显：

> 翥青听着她这粗犷而真挚的情话，好像由内心到喉咙向来没有这一条道路，如今初经开辟，听着不免滞涩，但意境新颖，很多未经人道；比听那般摩登小姐熟练而充满西洋味的情话更加百倍动心。就双双握住她的手说："不是的，这完全是爱情……"大巧儿一摇头说："什么爱情，我不懂。我只觉自己变成贱骨头了。以先我简直没心，现在忽然有了心了，满心里是你。一会儿不见你，这两条倒霉腿就把我驮来了。"①

这段话非常有意思。表面上看翥青和大巧儿谈论的都是爱情，但实际上使用的是两套截然不同的话语系统，以此形成了强烈的对比和张力，艺术效果十分突出。其实也可以把它看作作者的创作谈，其中隐含着对前作的某种"修正"。作者把大巧儿"粗犷而真挚的情话"与"摩登小姐熟练而充满西洋味的情话"相比较，认为前者让人"更加百倍动心"，令读者自然联想到《红杏出墙记》中"电影化"的房淑敏。小说进而描写大巧儿反感电影里的接吻，把它形象地叫成"咬乖乖"，让翥青大感有趣。这种修辞上的不同表达表明作者对《红杏出墙记》语言的欧化有所反省，他也借完全不同的女性形象完成了创作风格的转型。

在小说里，刘云若故意以新文学家眼里的"高级趣味""低级趣味"来区分"接吻"和"咬乖乖"，其实是显示了他对"五四"现代白话的自觉反思。事实上，关于"文艺的大众化"及"大众语"文学的讨论几乎贯穿了

① 《粉墨筝琶》，百花文艺出版社1987年，第83页。

整个现代文学史，它也是新文学亟待解决却始终未曾很好解决的问题。像刘云若这样曾“大受新潮激陶”的通俗文学作家，对此实际上是有思考和回应的，同时他以自己的文学实践，体现了现代文学在语言上的不断锤炼和进展。

报刊的妙用

报人身份对刘云若创作的影响，不仅体现在创作风格及小说语言上，还使得小说的材料来源、情节线索乃至文体的选择都与报刊有了深刻的联系。对于近现代报刊作为通俗小说的重要材料来源，研究者已有了较多的论述，但主要集中于上海通俗文学作家和张恨水，刘云若的相关研究还不多见。报刊为小说提供故事分为直接和间接两种。《春风回梦记》中的国四纯和朱媚春以罗瘿公、程砚秋为原型，刘云若先以《无题》为名在《北洋画报》上发表小品文，说的是同一桩菊坛逸事。《换巢鸾凤》的男主人公之一任笑予的本事来自《北洋画报》《商报画刊》对所谓“革命画家”萧松人的长篇报道。这些都是小说对报刊材料的直接借用。

《旧巷斜阳》在这方面提供了一个有趣的案例，它通过和报刊相关报道的直接呼应，描写了一个特别的社会群体——女招待，并展现了她们各自不同的命运遭际。小说的主要女性人物几乎都是天津借春楼饭庄和月宫饭店的女招待，她们出身不同，性格迥异，无论是女主人公谢璞玉、韩雪蓉，还是配角梁玉珍、“小雏鸡”“糖心儿”等等，都刻画得栩栩如生，形神兼备，从而为现代文学史留下了独特的人物群像。女招待的风行是1930年代遍及全国各大城市的特殊社会现象。天津的女招待于1920年代末在卡尔登饭店和春和大戏院兴起，到1930年代初蔚然成风，普及到一般的冰室、饭馆以及娱乐场所。由于女招待满足了一般市民的猎奇心理，加上其与现代“女子职业运动”挂钩，因而造成天津媒体争先恐后地报道，成为社会关注的热点。早在1928年刘云若就在《北洋画报》发表过小品文《招待的热手》，是较早关注这一社会现象的报界人士。

1930年夏，《天津商报》《北洋画报》等媒体连续发表相关文章，热烈讨论女招待的问题。《北洋画报》上的《嚼冰随笔》系列文章，通过颇有名气的冷香室来介绍天津女招待的现状，第一篇还以“女子职业运动之胜利者”[①]为名配发了一号女招待苗雪绮的照片。苗雪绮面貌端庄，举止大方，据说已婚新寡，身世可怜，且洁身自好。《旧巷斜阳》对月宫一号女招待谢璞玉的描写与之有许多相似之处——“这谢璞玉年已二十多岁，生得白白胖胖，平头整脸，并没什么妖娆之处”，“倒是个真正女子职业的实行者，每日只规矩作事，既不搔首弄姿，也不张狂作态。她久已嫁人，生有二子，只因丈夫中年患病盲目，不能谋生，她只得出来作这受人轻贱的职业”。[②]至于《嚼冰随笔》所写的其他风流浪漫或女学生做派的女招待，也可在《旧巷斜阳》中一一找到对应人物。有趣的是，貌似女学生的女招待名为韩雪芬，与小说中同样年轻、自爱的韩雪蓉仅一字之差。当然，这可能是一种巧合，但不得不说刘云若对女招待的认识和表现与当时的报刊报道有着密切的联系。值得注意的是，这种关系反过来也使刘云若的小说故事呈现出某种“社会新闻化”的倾向。《红杏出墙记》把房淑敏被害一事充分新闻化，描述了全国媒体的大肆报道以及社会的高度关注，而“电影新星之死”为这段新闻增添了噱头和谈资。小说结尾芷华、仲膺的“咬舌奇案”更像是当时报刊“本埠新闻”的绝佳内容。

刘云若的小说故事也有间接来自报刊的，因为长期主编摄影画报的特殊性，这部分材料的视觉形象比较突出，它们更多是为作者塑造人物或推动情节提供了某种灵感和启发。《红杏出墙记》里，房淑敏处处刁难、戏耍

① 热中：《嚼冰随笔（一）》，《北洋画报》第10卷第489期，1930年6月24日。
② 《旧巷斜阳》上，岳麓书社2014年，第75页。

林白萍，在作者看来这是新式女子的恋爱法则："现在的最新式女子，对于男人都善于耍这个调调，所以有人说，男子向新女子求爱，失败的自不必说，便是成功的也要被撮弄到九死一生，不死脱层皮。"[①]这种女子处处掌握主动、让男人吃足苦头的恋爱模式也体现在《旧巷斜阳》的吕性扬和梁意琴身上。事实上它源自《北洋画报》等摄影画报对现代两性关系的刻板想象，往往通过漫画的形式表现出来，《"求钱"与"求爱"》[②]《"情网"》[③]等都市生活漫画就生动描画了"大女人"和"小男人"的种种情态。在小说中，吕性扬也被设定为漫画家，他把自己和梁意琴的类似经历画成漫画发表在报纸上，因而获得了后者的青睐。此外，《红杏出墙记》里林白萍的假结婚照同样体现了报刊材料带给小说家的启发。林白萍为成全芷华和仲膺，故意雇妓女拍了假结婚照寄给芷华，好让对方死心。这张照片起到了推动情节的关键作用，它与1929年万愚节（即愚人节）刘云若等人在《北洋画报》上利用报界同人的假照片与读者开玩笑有异曲同工之妙。类似假照片情节在通俗小说中的出现，与摄影的特性及普及密不可分。摄影会给人一种先入为主的印象，即它意味着真实，照片"与可见现实的关系，比起其他模仿的事物来，似乎更为直接，因而也就更为具体"[④]。这也是假照片能让小说人物和画报读者误以为真的原因。而在1930年代，到照相馆拍照已经成为天津市民日常生活的一部分，结婚照也在中上层社会流行起来。刘云若的情节设置因而具有现实性与真实感。

除了作为小说材料的来源，报刊这一现代媒介也进入小说，成为刘云若

---

① 《红杏出墙记》中，华岳文艺出版社1988年，第634页。

② 徐肇瑞：《"求钱"与"求爱"》，《北洋画报》第17卷第836期，1932年9月27日。

③ 亚夫：《"情网"》，《北洋画报》第21卷第1017期，1933年11月28日。

④ ［美］苏珊·桑塔格：《论摄影》，艾红华、毛建雄译，湖南美术出版社1999年，第19页。

用来结构故事、展开情节的重要道具。这类例子不胜枚举，充分显示了刘云若报人身份的烙印，同时也表明看报已是普通市民获取信息乃至达成“共识”的重要途径。《海誓山盟》由报纸上刊登的一则凶杀案新闻引出故事、留下悬念。《春风回梦记》发表于小报，也让何若愚故意放给小报的消息《门当户对妓姘伶》成为逼死如莲的最后一根稻草。《粉墨筝琶》中，程翥青在报纸上看到陆凤云中央大戏院演出的广告，触景生情，跑到戏院门口，由此故事自然转向陆凤云一方，也为两人的重逢埋下了伏笔。《红杏出墙记》与报刊有关的情节更多。房家兄妹帮黎芷华在大报的头版刊登广告寻找林白萍，龙珍出于私心把报纸藏起，导致白萍和芷华不得相见。也正是这张报纸，让之后的剧情又陡然翻转。白萍与龙珍搬去旅馆，准备组建新家庭，却意外发现之前被藏的报纸，因而对龙珍大失所望，拂袖而去。在这里，报纸发挥了本身的媒介（medium）功能，在小说人物之间、情节与情节之间搭起中介的桥梁，起到了起承转合的作用。而广告作为现代报刊的重要组成部分，在小说中充当了关键角色，“广而告之”不光面向普通读者和消费者，甚至成为现代都市人与人之间沟通和联系的渠道。小说里的报纸新闻也有这种沟通的作用。龙珍因爱生恨，精心设计给白萍下毒，却误杀淑敏。

> 这时淑敏被害的消息，已由各地报纸转载而传遍全国。因为淑敏虽然是尚没有作品发表的电影演员，但以前曾不断有照片在报纸上刊登，题为红杏出墙新片的女主角。虽然片子尚未出世，但以淑敏的绮年玉貌，已令社会上人很多注意。死后又一转登她的照片，见着的人都因爱怜她的容貌，深加悼惜，就更传说起来。①

---

① 《红杏出墙记》下，华岳文艺出版社1988年，第1151—1152页。

逃到天津的龙珍通过新闻了解自己被通缉后，打算逃往关外，意外在车站碰到芷华。原来芷华在沈阳看到新闻，放不下被羁押在狱的白萍，认为一切事端皆因自己而起，因此找借口回来。芷华借故支走龙珍，自己赶赴北京顶罪。媒体对此案的报道一再发酵，龙珍在沈阳看报才明白芷华的真实意图，终于决定回来自首。整个事件一波三折，头绪繁多，牵涉北京、天津、沈阳三地，白萍、龙珍、芷华等多人，但作者利用热点新闻的传播效应，反复通过报纸来推动情节发展，写得有条不紊又合乎情理。

刘云若对报刊的妙用还体现在报刊文体在小说中的运用。刘云若的写作本身就有两副笔墨，除了广为人知的长篇通俗小说，他还长期为报刊撰写新闻报道、小品杂文，而后者常为研究者所忽视。其实，小品杂文往往更能直接反映作家本人的志趣性情。读刘云若的时评杂文，不仅能看出作者对社会现实的同步关注，而且其写作也别具特色，或许可称之为"画报时评"。它介于大报、小报之间，既不同于大报社论的正经庄论，也脱离了小报的鄙俗低级趣味，在讽刺批判的同时融入幽默机智，从而更具趣味性和亲切感。这类小品杂文的写作也影响到刘云若的小说创作，好用"闲笔"即为一例。作者在写作过程中，有时候会忍不住跳出来，对自己感兴趣的话题发表见解或进行生发，与正文所述的故事形成互动。"闲笔"看似可有可无，却有烘托情节气氛、增加小说趣味的重要作用。不过，在刘云若前期的小说中，闲笔的使用还不太明显，直到1940年代才构成显著特色，许多小说段落类似于小品杂文，属于闲笔。《粉墨筝琶》在这方面体现得尤为明显。这也是由特殊的社会情势造成的，作家在天津沦陷时期有太多想说却无处可说的情绪郁结于心，抗战结束后以此为背景创作小说，自然要不吐不快。其中，刘云若对日本人严厉管制灯火的描写颇有意思：

日本驻军司令，还常在晚上登中原公司楼顶，视察管制灯火成绩。人民几乎每晚在黑暗中过活，——尤其在夏季，因为天热，不能关窗，那才更苦。作者因为吃饭很晚，常在天黑以后。有一次把饭菜放入方桌以下，只点一枝薰黑的油灯，也放在桌下，还用两件女烤纱大褂遮住四面。大家席地而坐，围着吃饭。但因外面太黑，稍有光亮就被看见，于是防空人员进来了，敲去了不少钱。①

这个段落与正文虽有联系，但实际上去掉也不影响阅读。刘云若在此直接代入自己的经历，通过富有意味的细节来表现沦陷区生活的困苦和荒诞，貌似只是客观呈现，却自然具有强烈的讽刺意味，是苦中作乐，也是笑中带泪，与刘云若关注民生疾苦的小品杂文风格一致。这也进一步表明刘云若小说对报刊养分的汲取，相当丰富而深入。刘云若报人身份的长期性和独异性，为其小说创作带来了别具个性的魅力。

① 《粉墨筝琶》，百花文艺出版社1987年，第355页。

“归哏”：刘云若创作风格的形成

刘云若与《北洋画报》

刘云若不仅是《北洋画报》第三任主编，也是《北洋画报》最为出色的都市言情小说家，考察刘云若与《北洋画报》的关系，会对理解其小说创作大有裨益，事实上，他的第一部长篇章回体小说《春风回梦记》于1930年春连载于《天风报》，不久他就从《北洋画报》辞职，由此可见主编《北洋画报》与小说创作在时间上的紧密衔接，甚至可以说《北洋画报》的主编生涯直接促成了刘云若由记者编辑向通俗小说大家的转型。更重要的是，刘云若被誉为“天津张恨水”，代表着天津通俗社会言情小说的最高成就，研究者公认他的小说创作形成了一种独特的“津味”，而笔者认为，刘云若的“津味”在某种意义上可以归结为天津式的幽默——“归哏”，这一特色实际上在刘云若主编《北洋画报》时期已经形成，并在1930年代中后期的小说连载中得到发挥。

刘云若主编《北洋画报》的时间大致为1928年7月至1930年4月，前任主编童漪珊的突然辞职为他提供了直接契机，此外还得归功于吴秋尘和王小隐的推荐。其实1928年5月刘云若已经开始为《北洋画报》撰稿。1934年10月，他与《北洋画报》又恢复合作，连载长篇小说《换巢鸾凤》，并陆续有小品文字刊登。据曾与《北洋画报》过从甚密的天津老报人吴云心回忆："冯善经营，用人必尽其力，故刘办《北洋画报》并无助手，编校均一手承办，使该画报在质量上达到了最高峰。"[①]另一方面，刘云若"从一介书生，在社会上有了一定的名望，未尝不是在《北洋画报》一个时期锻炼而成"[②]。这种说法比较公允。事实上，1928年6月《北洋画报》社的成立使得主编有了更大的自主性和主导权，而年轻的刘云若初被委以重任，干劲十足，很快展示了多方面的才能，这一时期《北洋画报》发展迅速，也是其历史上关键性的阶段。

对于初出茅庐的刘云若而言，《北洋画报》提供了一个很好的起点和发展平台，首先就体现在因《北洋画报》同人在天津非常活跃，刘云若借此获得大量人脉资源，并很快融入天津主流文化圈。日后对于刘云若转向小说创作关系重大的《天风报》创办人沙大风，因其编辑《北洋画报》《戏剧专刊》而结识。另外，刘云若离开《北洋画报》后能够主编《天津商报》副刊《鲜花庄》，并创办《天津商报图画周刊》，也与其在《北洋画报》期间和《天津商报》的密切合作不无关系。1928年9月，刘云若担任主编不久，《北洋画报》就与《天津商报》开展"联合定阅"活动，共同拓展发行业务，并于1929年年初与天津商报馆合办铜锌版制版所，解决了《北洋画报》在制版方面的自立问题。不仅如此，由于早期《北洋画报》囊括了众多天津文化名流，袁寒云、方地山、张谬子、王小隐、冯武越、唐立厂等同人之间频繁的交游唱和让刘云若迅速为文化界所熟知。其中，刘云若与王小隐的师生关系尤为值得注意。由于王小隐的大力推荐，文坛新人刘云若得以担任《北洋画报》主编，他们因而结下师生情谊。在1928至1929年

---

① 吴云心：《我所知的刘云若》，《苏州大学学报》（哲社版）1988年第4期。

② 吴云心：《冯武越经营北洋画报》，《吴云心文集》，天津古籍出版社1990年，第587页。

发表的文章中，刘云若均以“隐师”称呼王小隐，言语之间崇敬非常，唐立厂对同人交往场面的记述也可以证明这一点：

> 余与小隐等踵往，杯酒既行，武越小隐遂开火；小隐既屡败，则引吭高歌，似项大王垓下时也。然苦无虞兮，于是云若曰，苟有人能为隐师得虞兮，将三跪九叩首以谢之，此言一发，小隐益牢骚，醉态遂作；……是夕也，七人共饮黄酒四斤，武越素不饮，乃罄半斤，余亦为引一爵；小隐当有斤余，但能饮之名，从此休矣。而叨扰冯夫人，忙煞刘云若，真不可以无记，且系之以诗曰：甚矣不可无徒弟，难乎其为老师哉，莫唱关王庙里曲，菊花一捧即重来。①

王小隐在天津文艺界颇有名望，曾任北平平民大学新闻系教授，弟子众多，交游广阔，他对刘云若在文坛的起步起了很大的推动作用。但是，可能由于王小隐名士习气过深，我行我素惯了，而刘云若也是年少气盛，终因意见不和导致两人于1930年年初关系破裂。5月底，王小隐离津赴沈，帮助冯武越编辑《东北年鉴》，昔日好友纷纷饯别，唯独不见刘云若。这可能也是导致刘云若离开《北洋画报》的重要原因：“后武越去沈办东北年鉴，委余主持社事，而余少年负气，时与内庭龃龉，后乃解职求去。武越返津挽留，余已与叶庸方共营《商报》矣，乃废然而罢。”②

但无论如何，在《北洋画报》接近两年的职业生涯为刘云若积累了宝贵的经验和资源。它不仅指人际交往，也体现在刘云若后来创作小说的许多题材，都来源于《北洋画报》时期所关注的人和事。《换巢鸾凤》的男主

---

① 梼厂：《一夕狂欢记》，《北洋画报》第5卷第243期，1928年11月13日。
② 《由赵四小姐想起的许多往事》，《星期六画报》1947年6月28日。

人公任笑予，原型就是1920年代末在天津走红的所谓“革命画家”萧松人，《北洋画报》于1929年11月9日刊发了“松人作品专刊”，介绍他第一次来天津开画展的种种情况。1940年代曾在天津引起巨大轰动的《旧巷斜阳》，以女招待为题材，其实早在1928年刘云若就发表过《招待的热手》，是较早关注这一社会现象的记者。由于《北洋画报》以“提倡艺术”为三大口号之一，各路明星来津演出，送电影票、戏票以求得宣传版面的络绎不绝，刘云若正是利用这个便利，在此期间对影戏界有了深入的接触和了解，《红杏出墙记》里林白萍兴办电影公司、振兴华北电影的诸多想法，《粉墨筝琶》穿插着女伶在平津的走红经历，都可以从这一时期的《北洋画报》中找到蛛丝马迹。而刘云若成名作《春风回梦记》的重要人物国四纯和朱媚春，明显是以剧坛名宿罗瘿公和名伶程砚秋为原型。试比较两者在刘云若《北洋画报》时期小品文与小说中的相似描述：

前者捧旦专家某名士说：“某郎扮西施（自然在屋里而非在台上），此夜我即作吴王；某郎扮红拂，此夜我即作李靖；某郎扮柳如是，此夜我便是钱牧斋；……以一人之身，有数之财，而得享千古之艳福，岂非绝大享受。”①

（如莲）说着含笑瞟了惊寰一眼道：“他要拉可得成啊！这老头子就是口里风狂，一提起朱媚春来，就抛文撰句的说一大套。我也听不甚懂，只听他大概意思说，古来的许多美人，他已看不见，只能在戏台上找寻。他既有了这朱媚春，没事到戏演完时，就把朱媚春带到这新赁的外宅，教她穿上各种戏装，偎倚着享受

① 《无题》，《北洋画报》第6卷第276期，1929年1月31日。

一会。今天想西施，就叫她穿上西施的行头，明天想昭君娘娘，就叫她改成昭君娘娘的装扮。或是煮茗对坐，或是偎倚谈心，再高兴就清唱一曲。这样千古艳福，就被他一人占尽。这老头子也算会玩哩。”①

不同的是，《无题》和此前发表的旧体诗《歌坛艳闻》都对罗瘿公的“名士风流”持批评、讥刺态度，而《春风回梦记》则把国四纯塑造成有情有义的正面人物，反而是对其传闻的直接和间接澄清。这表明小说与散文的重要区别，刘云若在构思小说时，要充分考虑到小说的虚构性，按照情节需要编排人物故事，而国四纯正是作者安排的一条贯穿性线索，成为如莲与陆惊寰爱情的守护者和见证人。此外，小品文字以短小精悍见长，可以就某个“点”或片段“小”做文章，而长篇章回体小说则需要有血有肉的人物塑造，这也是《春风回梦记》把国四纯写得比较丰满，不再是单纯的风流名士的重要原因。这再次表明报刊故事是通俗小说创作的重要材料来源，只不过这次是同一个作者的不同文本。它也因而别具意义，可以让我们进一步了解小说家如何利用原始材料，并坚持艺术的自觉，精心结撰小说。

其实早于1929年，在写作《春风回梦记》之前，刘云若已经在《北洋画报》上为章回体小说“练手”，即《大小事演义回目》和《大小事演义回目（续前）》。对于考察刘云若的小说创作，这是两篇非常重要的文章，它们至少表明，刘云若对转向写作通俗社会言情小说早有打算，并非因为沙大风临时邀约。《大小事演义回目》可以看作“微型”章回体小说，它以回目加注解的形式写最近的大小时事，“回目是章回体制得以确立的标志或题眼”②，它往往是对每回内容的总结或提示，而“注”相当于回目的具体内

① 刘云若：《春风回梦记》，人民文学出版社1989年，第157页。
② 张蕾：《论“故事集缀”型章回体小说》，北京大学2009年博士论文，第60页。

容，是故事情节的展开，从这个意义上来说，《大小事演义回目》已经是相当完整的章回体小说。在续作中，作者把“注”字去掉，更加符合章回体式：

第一回 总统府名士变茶壶 女儿河部长失铁道

第二回 念民瘼章遏云陈词 发水灾孙庆泽抢险

第三回 中原下野冯素莲决意出洋 北游归宁宋子文忽然辞职

第四回 红粉出风尘鲜牡丹开审 京国传消息黄膺白得财 [①]

王树常卅日大出师 吴秋尘半月总退却

联珠合璧袁王程会审玉堂春 怨别伤离秋云芬同赋阳关曲

传说遍津门龙阳伉俪 笑哗腾国际鸦片夫妻

妇女院三人匿迹 华盛顿二美争风[②]

《大小事演义回目》实际上是以回目为重心，刘云若日后对小说回目的注重从这里已可见一斑，张元卿认为刘云若的“回目不拘泥于传统格式，大气磅礴又文采俊美，一般小说家很难写出”[③]。但《大小事演义回目》是“写事”，而非“写情”，因此其回目不如后来的小说回目文采飞扬，讲究的是工整有趣。作者以回目串联起大小八件时事，类似于“故事集缀”的写法，其实是章回体小说写作的一种重要类型，正如胡适评《儒林外史》：“《儒林外史》没有布局，全是一段一段的短篇小品连缀起来的；拆开来，

---

① 独目记者：《大小事演义回目》，《北洋画报》第8卷第356期，1929年8月10日。

② 云若：《大小事演义回目（续前）》，《北洋画报》第8卷第371期，1929年9月14日。

③ 张元卿：《民国北派通俗小说论丛》，山西古籍出版社2001年，第34页。

每段自成一篇；斗拢来，可长至无穷。这个体裁最容易学，又最方便。”①“集缀”的好处在于，它可以让小说容纳多量的故事，从而使之具有巨大的社会容量，这在《大小事演义回目》中表露无遗，之后刘云若的长篇章回体小说，虽有人物和情节主线，但仍局部采用了这一方法，通过某个人物的遭遇带出一连串故事，实际上还是变相地在“集缀”故事。而且第一篇《大小事演义回目》里，作者对每回对应的两事有特别设计，仔细考察就会发现，都是前为“小事”，属于娱乐花边新闻，后者才是“大事”，为时政消息。如果把“情”理解为广义的人情、人性，这样的设计也可以说兼顾“言情”与“社会”，而《续前》已有了比较明显的“言情”故事，“龙阳伉俪”表现的就是社会“畸情”，事实上“畸情”类小说是刘云若创作的重要类型，以《换巢鸾凤》和《娓婳英雄》为代表，由此可见出刘云若日后写作社会言情小说的发展方向。

“归哏”：天津式幽默

刘云若是《北洋画报》第一位也是唯一一位天津本地主编，而且十分熟悉天津的平民世界和地方文化，可以说主编《北洋画报》是他的早期“实习”，为他后来的小说创作作了充分准备，但更为重要的是，在写作“津味”通俗社会言情小说之前，他的文化背景及风格已经影响到他对《北洋画报》的编辑策划。编辑、作者和天津人刘云若其实是一个问题的三个方面。1928年6月北伐基本完成后，天津作为“特别市”，进入一个新的历史阶段，开始关于城市现状及前途的积极探索。刘云若入主《北洋画报》恰逢其时，他顺应了时局转变给《北洋画报》带来的新课题——变动之际

① 胡适：《五十年来之中国文学》，上海申报馆1924年，第64页。

的城市及市民急需确立自己的新身份，又以自己对天津的深厚认知，有意识地在《北洋画报》上呈现了完整独立的天津，使其变得立体而有深度。正是在这种本土想象中，刘云若的天津式幽默——“归哏”得以形成，后来更进一步成为其“津味”小说的核心要素。

这一时期的刘云若已经开始表现出浓厚的天津市民趣味，虽然它并不是天津想象的全部，但在一定程度上规约着想象的方向和表达。《北洋画报》《第九卷卷首语补刊》正式提出“趣味化”宗旨：

> 自画报潮澎涨以来，互相仿效，殊少创作及改革之精神，千篇一律，早为爱读画报者所厌倦。……同人等悉心研求，力图新异；因知世上画报最近潮流，群趋“趣味化”；本报当于国内首倡此旨，今后多登富有趣味之图文；谅亦读者之所乐闻欤？①

其实“趣味”是一个具有普适性的概念，几乎所有通俗报刊都把“趣味”当作吸引读者的不二法门，在刘云若之前，冯武越等人曾宣称《北洋画报》“于精美图画之外，更有极饶趣味之文字”②。刘云若“趣味化”的表述中也有一个“世上画报最近潮流”的大背景，但就其文化土壤而言，把它归结为天津文化性格或许更加贴切，与冯武越等人相比，“趣味”的内涵及其背后所持的文化立场已经大不相同。在此之前，《北洋画报》呈现的是两种风格的混合，冯武越是新派绅商，有过长期的海外留学和生活经历，《北洋画报》对西洋文艺、新兴科技的关注，其相关栏目多由他一手编写。而另两位早期的《北洋画报》健将张谬子、王小隐颇有名士作风，诗酒风流、国粹古董也是《北洋画报》的重要内容，两者占据了《北洋画报》的

---

① 记者：《第九卷卷首语补刊》，《北洋画报》第9卷第405期，1929年12月3日。
② 《编辑者言》，《北洋画报》第1卷第44期，1926年12月8日。

主要篇幅，也形成了它的精英、名士趣味。刘云若则带有更浓厚的平民色彩，他接受过现代中学教育，于古典诗词也有一定修养，但人生变故造就了他于津门三教九流的丰富阅历，以及对普通及下层市民的熟悉和同情。尽管刘云若并未完全脱离名士气，但他身上体现得更多的是一种天津市民趣味。这从报纸定位的变化也可以看出，冯武越想把《北洋画报》打造成现代都市的理想刊物，提倡现代生活方式，又有高尚品位，刘云若却认为画报是“遣兴消闲之读物，在政治上不堪于利用；而在民众，则远不若窝窝头之为需要”[①]，只有具备原创的市民生活气息，幽默生动，才能吸引读者。

刘云若的市民趣味在“天津写真”和“专页刊”的策划和编选中有诸多体现，包括在对天津的想象中引入市民视角，增加平民性话题，多方面表现普通市民的日常生活和生存环境，特别是对救济院妇女等下层市民的关注充分显示了刘云若的平民意识。但是，他的市民趣味更具地方特色和个性化的部分体现为“归哏”的人生态度和个人风格。他后来在小说创作中说：“说到我的写作态度，是不大严肃的，这原因是我的幽默感太多，能把一切可惊可惧可恨可怒的事，完全使之‘归哏’。”[②]刘叶秋也回忆道：“有一天，在中原公司六楼共酌薄醉，谈起处事之道，他说：‘我遇到一切可恨可气之事，都让它归哏。’归哏，天津话，大概是使之化为笑料的意思。”[③]“归哏”，源于津门相声特有的词语“万象归哏”，意思是“一切都可以一笑了之，一切都只能一笑了之”[④]，“哏”可解为津门俗语“乐子”。相声艺术在天津源远流长，20世纪二三十年代的天津，相声界人才济济，繁盛一时，先后涌现出“万人迷”李德钖、“小蘑菇”常宝堃、张寿臣、马

---

① 记者：《卷首例言》，《北洋画报》第7卷第301期，1929年4月4日。

② 刘云若：《粉墨筝琶·作者赘语》（卷一），北平一四七画报社1946年，第1页。

③ 刘叶秋、金云臻：《忆刘云若》，《回忆旧北京》，北京燕山出版社1996年，第73页。

④ 薛宝琨：《马三立：津门相声的魂魄》，《博览群书》2007年9月。

三立等一大批名演员。与同时期的北京相声只能在天桥“撂地”演出不同，天津由于近现代城市化进程，以及新兴市民阶层的壮大，相声拥有广大的舞台和群众基础，雅俗共赏，以至相声行有“北京是出处，天津是聚处”的传统说法。津门相声镌刻着天津人的某些脾性，其中就有“乐”，即“万象归哏”这种世俗哲学，它反映了天津人的性灵和幽默，以及开通爽气、乐观豁达的集体性格。刘云若是地道天津人，浸淫于天津市民文化，对此一直深有体会。《小扬州志》写到1920年代天津最受欢迎的相声演员“万人迷”，平时在戏园子、堂会等中高档演出场所说相声，一落晚就去南市“三不管”，露天表演，照样赢得满堂彩。刘云若详尽描述了“万人迷”在南市的单口相声表演，对他的豁达幽默相当赞赏：

> 当前有个场子，观客特别拥挤，约有二三百人，围得水泄不通，但是人众非常安静，鸦雀无声。只听场内有个沙哑喉咙的人说话，三言两语，忽引得合场人哄天价笑起来。虎士走近翘足向里一看，只见场中坐着个五十多岁的生意人，生得驴样长脸，满脸连鬓胡碴儿夹着鸦片烟气，合成青黑颜色，身上穿着很齐整的长袍马褂，正坐在一张短凳之上手弄褶扇，在那儿念念有词，听众一阵阵的哄然大笑，但他却满脸冷隽毫无笑容。……虎士凑近几步倾耳细听，万人迷正说着一段《刘石庵请客》，词句神色都妙到毫巅。正听得入神，忽然全场哄然大笑，原来万人迷说到分际，抖了个包袱儿，听众乐得前仰后合，万人迷却闭住嘴再不作声。[①]

由此可见刘云若对于天津相声文化的熟悉和了解，他吸取了其中的

---

① 刘云若：《小扬州志》，百花文艺出版社1987年，第328页。

“归哏”特色，并体现在其创作上。1946年景孤血为《粉墨筝琶》作序时，用“淘气”形容刘云若创作的风格派别，并指出其能“以丑为妍”，区别于得“中和之美”的张恨水，其实已经触及“归哏”的某些特点。而张元卿在论刘云若时，特别注意到“找乐儿”这种天津市民文化心态对刘云若小说创作的影响：

> 当他“以游戏出之”的心态写出《春风回梦记》时，他终于找到了化解心忧及同社会对话的途径。这样一旦著笔为文，“找乐儿”这种“揶揄人事”和“自我揶揄”的法宝，便天然地为刘氏所钟情。……刘云若的文笔泼辣，时有调侃的意味。这种笔法即是从“找乐儿”意蕴中化育出来的，它的深层文化因缘来自天津平民文化中的“找乐儿”意识。①

张元卿还初步涉及“找乐儿”与“归哏”的暗合关系：“读者既要‘找乐儿’，刘云若把世事‘归哏’正好成全了读者。因为有着这种文化心理的相通，使得他的小说很适合天津人的阅读口味，在三四十年代风行沽上。”这些都为“归哏”概念的提炼提供了合理性基础。但是，他们对“淘气”“找乐儿”的论述，要么过于抽象，要么过于简单，并不能完全厘清“归哏”的表现形态及文化内涵。本节以“天津式幽默”来诠释“归哏”——“幽默”（humour）是由林语堂翻译过来的舶来品，是想表明这个源于天津传统相声的词语，对刘云若而言，并不仅仅意味着传统和地方化，它同时也是现代的和世界的。这种中西糅合的特色，其实在刘云若、还珠楼主、白羽等接受过现代教育和新文化运动影响的新一代天津通俗小说大家身上

① 张元卿：《民国北派通俗小说论丛》，山西古籍出版社2001年，第107页。

及创作中都可以看到。

因此刘云若的“归哏”不仅源于他熟悉并喜爱的天津相声文化，而且与1920年代中后期萌芽并在1930年代前期蔚然成风的现代幽默思潮大有关系。1935年他在《北洋画报》上发表《幽默先生病》，可以看出他对此潮流一向的关注和同情，当时文艺界对幽默的批评已占上风，“幽默”逐渐退潮，其主将林语堂也开始转向，刘云若却仍然坚持：“法语巽言，价值固无偏重；况自古多见直言取祸，诡谏收功；降及今日，文网虽宽，作者尤宜自警，风月之外，幽默何可废也?”而且他对幽默的定义——“幽默固一种抒写性情之工具，心有欲言，不出以正襟庄论，而发以嘻笑怒骂”[①]，可以与“归哏”的表述相互印证。“幽默”在通俗文学界和新文学界的不同命运，对考察现代幽默思潮别具意义。不仅有刘云若为“幽默”辩护，三四十年代北平著名的“滑稽小说”家耿小的也写过《论幽默》一文，他认为林语堂提倡幽默，之所以遭到攻击，是因为他的幽默多拿士大夫作嘲讽对象，使得士大夫的假面具和体面，完全扫地，老舍也因为这样，同样被贬得一文不值。并且他认为“幽默”是“讽刺”与“滑稽”的合而为一。

事实上，“幽默”与“滑稽”的混用在通俗文学界由来已久，这与早期林译小说的定义息息相关。研究界多关注林译小说在新文艺界的重要作用，而相对忽略其对通俗文学的深刻影响，其实三四十年代新一代北派通俗作家多为林译小说读者，并受益匪浅。早在1939年，叶冷就指出白羽的武侠创作借鉴大仲马和席文蒂思（塞万提斯）[②]，指的就是林译小说《侠隐记》（《三个火枪手》）和《魔侠传》（《堂吉诃德》）。而刘云若在《酒眼灯唇录·序》中说：

---

① 云若：《幽默先生病》，《北洋画报》第27卷第1313期，1935年10月24日。
② 叶冷：《白羽及其书》，《话柄》，天津正华学校1939年，第125页。

余已逾中年，且工作日无暇晷，然得暇开卷，便有见贤思齐之思，殚心努力，或得颉颃时贤。然时贤之上，有古人焉，古人之外，又何年得比肩曹（雪芹）施（耐庵），而与狄（却尔司·迭更司）华（华盛顿·欧文）共争长短乎。①

这段话通常被研究者用来论证刘云若对狄更斯等西方作家创作技巧的吸收和利用，多着重于狄更斯对下层社会的关注和心理描写的深度。其实，狄更斯和欧文的“滑稽”趣味，也是刘云若吸取西方文艺的重要内容。换句话说，林纾对狄更斯和欧文幽默特色的精彩论述成为刘云若“归眼”思想不可忽视的来源之一。

林纾不但把狄更斯的《尼古拉斯·尼可贝》译为《滑稽外史》，1914年商务印书馆再版“林译小说丛书”时，还把《滑稽外史》和华盛顿·欧文的《拊掌录》《旅行述异》标为“滑稽小说”。狄更斯和欧文都是英美以幽默著称的文学大家，无论是“滑稽外史”的转译，还是“滑稽小说”的界定，都表明“幽默”（humour）被正式引进之前，“滑稽”作为一个源于《史记·滑稽列传》的传统词语，被借用来理解这类诙谐有趣的西方小说，其实和“幽默”的涵义差不多。这从林纾的序言中也可以看出：“迭更司写尼古拉司母之丑状，其为淫耶？秽耶？蠢而多言耶？愚而饰智耶？乃一无所类，但觉彼发一言，即纷纠如乱丝，每有所言，均花样别出，不复不沓。因叹左马班韩，能写庄容，不能描蠢状，迭更司盖于此四子外，别开生面矣。”②他还认为“欧文者，古之振奇人也，能以滑稽之语，发为伤心之言，乍读之，初不觉其伤心，但目以为谐妙，则欧文盖以文章自隐

① 刘云若：《酒眼灯唇录·序》（卷一），天津生流出版社1941年，第1页。
② 林纾：《滑稽外史·短评数则》，上海商务印书馆1914年，第7页。

矣”[1]。林纾称狄更斯在庄容之外，尤能“描蠢状”，这也是刘云若小说“归哏”特色的显著表现，他的生、旦、丑的人物设置，除了传统戏曲程式的影响，也应追溯至狄更斯对丑角人物淋漓尽致的描摹。而欧文“能以滑稽之语，发为伤心之言”，其“自隐”的成分也被刘云若所接受，《小扬州志》中的秦虎士就带有明显的自传色彩。

因此，刘云若的“归哏”以天津相声文化为底子，同时融合现代幽默思潮以及林译小说的“滑稽”成分，可以说是天津式的幽默。它迥异于林语堂雍容的绅士风度——“幽默的情境是深远超脱，所以不会怒，只会笑，而且幽默是基于明理，基于道理之参透”[2]，也与老舍的“京式幽默”不同，虽然后者深具北京市民情趣，但那仍是一种“平民化的知识分子趣味”[3]，只能把它划归新文化而非市民通俗文化。“归哏”看起来更“俗”，市井味十足，它直接贴近市民人生而很少拉开距离，其中包含着作者认同、欣赏的态度。现代天津在通俗文学史上的重要地位，与这种俗文化的底子密不可分。但“俗”的另一面是亲切、体贴，没有架子，“雅”与“俗”的界线反而有可能模糊，包括相声在内的许多不登大雅之堂的民间曲艺都曾在天津获得极高的地位。长期从事相声艺术研究的著名学者薛宝琨认为：“现代市民意识首先在沿海城市（诸如天津）崛兴起来，其表现之一是因自由平等观念萌发而产生的抗争意识；一是因及时行乐观念流行而产生的消遣娱乐意识。”[4]与这种市民意识密不可分的现代相声同时获得了“抗争意识”和“消遣娱乐意识”，并演化为“讽刺”“滑稽”“自嘲”“幽默”等相互联系或交叉的基本喜剧情态。大概因为天津市民性格中有富于正义感、好打抱不平的泼辣风气，津门相声以讽刺见长。因此尽管“归哏”被理解

① 林纾：《旅行述异·序》，上海商务印书馆1914年，第1页。
② 林语堂：《我的话——论幽默》，《论语半月刊》第33期，1934年1月16日。
③ 赵园：《北京：城与人》，北京大学出版社2002年，第43页。
④ 薛宝琨：《侯宝林评传》，中国社会出版社2005年，第145页。

为以笑化解一切，有一种不了了之的无可奈何，但笑有时并不是最终目的，它往往用来“化急切为蕴藉”，以幽默的方式揭露社会丑恶，真正“寓教于乐”。

刘云若也认为幽默有高下之分，“高者虽词旨诡谲，态度不恭，而寓意深警，功用不下于载道之大文，下者乃仅博一笑，变相笑林广记而已”[①]。就《北洋画报》而言，“高者”当然是指那些具有讽刺功能和社会批判功能的幽默图文。刘云若时常在《北洋画报》发表时事小品，往往事件“可恨可气”，语言却婉转幽默，两者之间张力十足，发人深省，足以达到幽默之“高者”。如1928年“双十节”纪念文字《国庆的中山化》写道：

> 我们在双十之日，看腕上的中山手表，针儿指到正中，便可穿好中山装，用中山面盆洗了脸，然后戴上中山帽，提起中山手杖，坐着中山汽车行的汽车，去到大华饭店吃中山餐。举起酒杯，高呼中山主义万岁。饭后更要在《北画》中山纪念号上，瞻仰中山遗灵，以代参谒。这样方可表示我们度此佳节，不忘中山之意。但是莫要徒哺啜而忘了中山遗嘱，若果背不出来，就在本报上念念吧。[②]

南京政府接收京津后，“中山”顿在北方社会流行，“新闻广告上，墙壁的招贴或是商店的门口标牌大书特书，中山布、中山呢、中山眼镜、中山餐，几乎一切货物都是中山”[③]。刘云若以夸张的写实手法集中大量的“中山化”行为，同时经过理性的节制和情感的过滤，最终呈现出喜剧性的讽刺

① 云若：《幽默先生病》，《北洋画报》第27卷第1313期，1935年10月24日。
② 若：《国庆的中山化》，《北洋画报》第5卷第228期，1928年10月9日。
③ 霞：《再到的北京》，天津《大公报·小公园》1928年10月9日。

效果。其实不仅相声等通俗艺术形式如此，即便在新文学界，幽默与讽刺也并非水火不容，虽然1930年代前期它们曾引发很大争议，但老舍仍然认为“讽刺与幽默在分析时有显然的不同，但在应用上永远不能严格地分隔开”[①]，因为幽默作家“有极强的正义感的，决不饶恕坏人坏事”[②]，多少会尽到讽刺的责任。而且“现在又实在是难以幽默的时候”[③]，多灾多难的国家情势免不了将幽默引向对社会的讽刺。包括天津在内的华北地区一直天灾人祸不断，北伐的完成给人们带来希望，却并不能真正解决这些问题，而且刘云若敏锐察觉社会上出现的种种新弊端，在涉及这类话题时忍不住笑中带“刺”。

“归哏”的娱乐消遣功能同样不容忽视。现代天津流行的市民通俗文艺中具有较多的喜剧因素，相声更被称为“笑的艺术”，这既是天津人乐观开朗性格的外在体现，也是由于社会积弊过深，普通市民尽管开始意识到抗争的需要，却往往无能为力，只能“苦中作乐，乐以解忧”，在“笑”中获得精神上的逃避或超脱。所以“归哏”也不乏单纯地找乐子，“仅博一笑”的例子。刘云若深谙这种市民娱乐之道，自觉利用变相的相声“逗哏”，结合照相铜版画报的特点，来取悦读者。万愚节（即愚人节）是《北洋画报》前期固定的庆祝节日，1929年这个西方节日首次得到高度重视：“我们并非欧化，学人皮毛，跟着人去庆祝，不过因为这个节有很大的趣味，可以随便和人开玩笑，受之者不得见怪；而且我们的报是社会刊物，志在引起一般人生活中种种兴趣，所以遇着这种好机会，便抓住不肯放松，想亦读者所乐许。”[④]冯武越最初引入万愚节可能有“欧化”的嫌疑，但对刘云若而

① 老舍：《我怎样写〈猫城记〉》，《老舍全集·文论一集》，人民文学出版社1999年，第185页。
② 老舍：《什么是幽默》，《老舍全集·文论二集》，人民文学出版社1999年，第420页。
③ 何家干（鲁迅）：《从讽刺到幽默》，《申报·自由谈》1933年3月7日。
④ 记者：《今年万愚节扩大宣传》，《北洋画报》第7卷第301期，1929年4月4日。

言，更像“西为中用”，借此进行精彩的“相声”表演。4月1日《北洋画报》最惹人注目的内容是《天津报界业余歌舞团试演记》，文章煞有介事地称天津报界成立业余歌舞团，在大华饭店演出，并配“歌舞团基本团员化装试演优秀舞之影”一张，赫然为王小隐、王缕冰、刘云若、冯武越搔首弄姿的女装跳舞照片，极为滑稽可笑。这相当于相声中的“系包袱”，通过把人物放入不协调的喜剧环境，故布疑阵，“似是而非”地渲染矛盾假象和喜剧气氛。4月4日，《北洋画报》点破其为假新闻，类似于“解包袱”，刨开事情的实底：“因为他们几位，都是近日津门的‘闻人’（应作新闻界人物解），朋友很多，看见了必要笑痛肚皮，所以和他们开个小玩笑。”[①]并挑明开始故意布下的破绽，给读者前后呼应、恍然大悟之感。4月30日刘云若再作一番说明：“该照片所以成功，无非在我们自己照片里，剪下面孔来贴在别人的跳舞照片上，所以有许多人明知是假，但还疑惑我们真曾经化装。”[②]终于抖落了“包袱”，进一步阐发了事件的可笑性。整个过程经过细密的组织和铺垫，“三番四抖”，层层推进，而且巧妙利用读者／观众的互动和合作，在某种意义上，观众的来信和疑问充当了“捧哏”的角色。

无可否认的是，以刘云若自己对幽默高下的区分而言，这种专为迎合读者的“玩笑”明显属于“下者”，在相声艺术中也只体现了“滑稽”情态的一般状态，仅给人较浅层次的感官愉悦。其实林语堂和老舍都承认幽默也可能就是笑笑，但那是一种世事洞明的智者的笑，而非“玩笑”这样的噱头，尽管刘云若的“归哏”吸收了现代幽默思潮的某些成分，它仍带有强烈的市俗色彩。这种“俗”气还表现在作者与读者的关系上，往往因为拉不开距离而无法获得超越的价值，编者拿本报“闻人”向读者开玩笑，本身就体现了这一点。但刘云若似乎有意识在重新塑造作者形象，1929年

① 《今年万愚节扩大宣传》，《北洋画报》第7卷第301期，1929年4月4日。
② 《同途殊归之把戏》，《北洋画报》第7卷第312期，1929年4月30日。

7月7日，“《北洋画报》三周年纪念号”第一次为读者呈现了《北洋画报》作者的日常面貌，图文并茂。《作者七人》述作者生活琐事及性情爱好，亲切可感，又饶有风趣。七人各配照片或速写一张，刘云若时患眼疾，其头像为“独眼龙”漫画式造型，夸张可笑，旁边有《云若画像自题》，这首打油诗纯属戏谑，格调不高。但“自嘲”也打破了作者的优越地位，使其视野、观点乃至语言都向读者靠拢，从另一方面说，作者与读者的平等关系正是现代画报读者的要求之一。

余论　“俗”气的天津

尽管不如“京派”“海派”历史悠久、声势浩大，但“津派”及“津味”经过新时期以来各种文学史的阐释，已经成为同样具有城市个性和文化象征的固定词语。不过，不管是历史上的“津派”通俗文学，还是当代的“津味”小说，研究者看重的是民国时期天津传统的市井俗文化，“三不管”“老城里”，以及活动于其中的市井细民、江湖儿女构成了“津味”的主要来源。但这远远不能涵盖现代天津的复杂面相及世态人情。作为一个“五方杂处”的移民城市、北方最大的通商口岸，20世纪二三十年代天津飞速的都市化发展，给天津市民社会带来深刻的影响。因此对“津味”及“津派”应作更宽泛的理解，它不仅包括“混混儿”“三不管”等市井味浓厚的边缘性天津文化现象，也有天津租界的流行文化，以及从独特的文化背景和文化心理出发，天津市民在城市现代化进程中的“震惊”和自我调适。但后者在相关研究中并未得到足够重视。

事实上，租界在天津的城市化进程中扮演了重要的角色，不仅是展现西方文明和示范城市建设的窗口，而且从1920年代起逐渐成为天津的商业和文化中心，“城市中心从老城区向租界转移，成为民国时期天津发展的突出现象。租界不仅成为城市的商业中心，而且也成为城市的文化中心”[①]。

① 刘海岩：《空间与社会：近代天津城市的演变》，天津社会科学出版社2003年，第127页。

1920年爆发直皖战争，1922年和1924年发生两次直奉战争，老城区沦为战场，传统商业中心北门外和天后宫大街多次受到侵扰。1926年北伐开始，直隶都督褚玉璞多次宣布天津戒严，战争的阴影再次笼罩中国商民。在此情势下，拥有“治外法权”的租界成为相对安全的避风港，大批商民不断拥入，再加上电车等交通设施的兴建，在法租界“梨栈”和日租界旭街一带形成了新的商业中心。商业发达导致了娱乐文化的繁荣，跳舞、看电影等西式娱乐很快被租界的中国居民广为接受，由于对演出场所的现代化需求不断提高，京剧及地方戏曲、曲艺的中高档演出也逐渐从老城区的南市转移至日租界和法租界，使后者成为天津的戏剧中心。而政局的压力也使得出版业和知识界向租界集中，1922年《益世报》由老城区迁入意租界，而1920年代中后期创刊的《庸报》《天津商报》和《北洋画报》均设在法租界，再加上原位于租界的《大公报》，当时天津的著名报纸基本上都在租界出版，一大批靠报纸生存的现代文人、知识分子因此流入租界，造成了新的文化空气。二三十年代的天津租界文化是一种混合型文化。由于华人社会实力日益强大，成为各租界最主要的纳税人和建设者，原有的西洋文化也在不断与天津本土文化及国内移民文化融合，形成了具有天津特色的租界文化，发展为天津都市文化的有机组成部分。

“北洋寓公”是天津租界的特殊阶层，由于他们拥有大量财富，且颇有社会影响，因而极大地影响了天津的商业和文化格局，使其区别于上海等其他通商口岸。民国初年的寓公主要是清朝的遗老遗少，到1920年代，北洋政府历次变动中的下野政要和各派军阀的头面人物成为租界寓公的最重要群体。据估算，到1930年代初，天津较有影响的寓公达百位之多，其中包括北洋时期的五位大总统和六位总理。[①]天津租界，之所以成为“执政要

① 参见尚克强：《九国租界与近代天津》，天津教育出版社2008年，第48—53页。

人下野后之乐园”[①]，首先在于“国中之国”的特殊地位，而且与落后的华界相比，租界具有优越的生活环境和商业、娱乐设施。但更为关键的是，天津是北洋军阀的发源地，紧邻首都北京，“下野的政客、军阀和清朝遗老遗少利用天津租界的保护，借助外国势力，策划和发动政变和战争，遥控北京政局”[②]。这体现了天津在北洋政府时期作为政治“后台”的独特功能，天津租界因而对“北洋寓公”而言具有比上海、汉口等南方租界更大的吸引力。这些在任时大捞特捞的官僚军阀们，下野后把天津当作享受的乐园，大肆挥霍，直接促进了天津市面的繁荣。不仅如此，许多坐拥巨资的租界寓公，被1920年代天津城市经济的蓬勃发展所吸引，纷纷向金融、房地产和工商业投资，成为天津近代工商业资本的主要来源之一。其中最有代表性的黎元洪，先后投资的厂矿、银行、企事业有五十多个，总金额达三百多万元。[③]这种“官”商结合乃至“官”对商的促进正是天津的特色所在。“北洋寓公”也是推动天津文化事业的重要力量。原广东水师提督李直绳、袁世凯之子袁寒云等人在文化界非常活跃，与报纸媒体也十分接近。传统戏曲在天津的繁荣也与这一群体密切相关，袁寒云是同咏昆曲社的组织者，经常号召天津的昆曲爱好者举行排演。重庆道的庆王（载振）府，英租界的张（勋）家戏楼、黎（元洪）家戏楼是京剧堂会的演出胜地，往往名伶云集，争奇斗艳，使得天津的堂会在二三十年代达至鼎盛时期。寓公阶层还造就了一批在天津引领时尚的名媛闺秀。民国时期天津最著名的摩登女郎，多数出自“北洋寓公”的亲眷，她们通过举办时装晚会、慈善演出大出风头，同时也是《北洋画报》的封面女郎，担当着天津女性时尚的风向标。

---

① 颜惠庆：《颜惠庆自传》，姚松龄译，台北传记文学出版社1982年，第160页。
② 罗文华：《七十二沽花共水》，南京师范大学出版社2007年，第107页。
③ 尚克强：《九国租界与近代天津》，天津教育出版社2008年，第56页。

与北京和上海是新文化的中心不同，天津更多的是一种俗文化。但“俗”的另一面是亲切、体贴，没有架子，“雅”与“俗”的界线反而有可能模糊，许多不登大雅之堂的民间曲艺都曾在天津获得极高的地位，像相声于北京只能在天桥“撂地”演出，到天津却能登堂入室，拥有广大的舞台和群众基础。开放的社会环境和市民心态也使得天津戏剧界不似北京的等级森严、壁垒分明，而是更具有包容性和平民意识，它在京剧方面兼容京派戏与海派戏，而天津的高级堂会，会有各种曲艺表演。天津以自己的方式打通了“雅俗”甚至“新旧”的分界，在这里，戏曲与话剧的界限并不像现代文学史上那样截然分明，二三十年代南开中学和津汇中学的游艺会上，新剧社和国剧社经常同台演出，面对的是同一拨观众。这实际上与近现代城市发展以及新兴市民阶层的壮大密不可分，天津的俗文化也因此具有了“通俗的现代性”。

图书在版编目（CIP）数据

图像天津与想象天津 / 陈艳著. -- 北京：作家出版社，2025. 1. -- ISBN 978-7-5212-3135-9

Ⅰ. G239.296；I207.41

中国国家版本馆CIP数据核字第202464DR32号

图像天津与想象天津

作　　者： 陈　艳
责任编辑： 丁文梅　朱莲莲
封面设计： 贾　莹
出版发行： 作家出版社有限公司
社　　址： 北京农展馆南里10号　　**邮　　编：** 100125
电话传真： 86-10-65067186（发行中心）
86-10-65004079（总编室）
E-mail:zuojia@zuojia.net.cn
http://www.zuojiachubanshe.com
印　　刷： 河北星强印刷有限公司
成品尺寸： 155×220
字　　数： 181千
印　　张： 13.5
版　　次： 2025年1月第1版
印　　次： 2025年1月第1次印刷
ISBN　978-7-5212-3135-9
定　　价： 78.00元
